Useful
HANJA
for Learners of Korean

Useful **HANJA** for Learners of Korean

Written by Language Education Institute,
Seoul National University
Translated by Anna Paik
First Published August, 2022
Publisher Chung Kyu-do
Editor Lee Suk-hee, Baek Da-heuin
Cover design Koo Soo jung
Interior design Koo Soo jung, Yoon Mi-jung
Voice Actor Kim Sung-hee, Kim Hee-seung

🔤 DARAKWON

Darakwon Bldg., 211 Munbal-ro, Paju-si Gyeonggi-do, 10881
Republic of Korea
Tel : +82-2-736-2031 Fax : +82-2-732-2037
(Sales Dept. ext.: 250~252 Book Publishing Dept. ext.: 420~426)

Price : 17,000 won
ISBN : 978-89-277-3296-9 13710

http://www.darakwon.co.kr
http://koreanbooks.darakwon.co.kr
Visit the Darakwon homepage to learn about our other publications and
promotions and to download the contents of the book in MP3 format.

Useful
HANJA
for Learners of Korean

 DARAKWON

한자와 한국어의 관계는 라틴어와 영어의 관계에 비교될 수 있다. 한자를 알면 한국어 어휘의 구성 원리를 쉽게 이해할 수 있기 때문이다. 그러므로 한국어를 배우는 외국인 학습자들이 한자를 학습하면 한자어의 의미를 쉽게 파악하고 기억하여 어휘력을 크게 확장시킬 수 있다. 이 책은 이러한 목적으로 만들어진 외국인 학습자를 위한 한자 교재 "Useful Chinese Characters for Learners of Korean"의 개정판으로, 서울대학교 언어교육원 한국어교육센터에서 오후 특별반으로 운영하는 한자 초급반과 중급반의 교수요목에 바탕을 두고 내용이 구성되었다.

이 책의 특징은 다음과 같다.

한국어 어휘 확장에 도움이 되는 한자를 선정하였다.

한자 학습에 기본적이며 한국어 어휘 확장에 기여도가 높은 한자를 중심으로 선정하였으며, 이를 주제에 따라 분류하여 상호 관련성을 통해 학습 효율성을 높이도록 하였다.

한자와 한자어에 체계적으로 접근할 수 있다.

〈기초 편〉은 준비 단계로 한자의 기본 원리와 기초 한자를 익히게 된다. 〈확장 편〉에서는 〈기초 편〉에서 익힌 기초 한자들을 바탕으로 한자어의 짜임과 조어 방식을 익혀 한자어 이해 능력을 기르게 하였다.

한자 학습이 한국어 의사소통 능력 향상으로 전이될 수 있다.

한자를 배워 한국어 어휘가 어떻게 확장되는지를 보다 잘 이해할 수 있으며, 교육용 한자어를 실제성이 높은 문맥 안에서 예시하여 한국어 의사소통에 효과적으로 활용할 수 있도록 하였다.

충분한 한자 쓰기 연습을 통해 한자의 모양과 뜻을 내재화할 수 있다.

교재만으로 한자 쓰기 연습이 부족할 학습자를 위해 별도로 쓰기 노트를 두어 충분한 연습을 할 수 있도록 하였다. 이 과정에서 한자의 모양과 뜻을 내재화함으로써 한자에 더욱 익숙해질 수 있도록 하였다.

이 책이 나오기까지 많은 분들의 도움이 있었다. 특히 〈기초 편〉은 최은규, 김정화 선생님이 집필하고, 정인아, 신혜원, 오미남 선생님이 수정한 〈초급 한자〉를 기반으로 하였다. 그동안 교재를 개발하고 한자반을 담당하면서 외국인을 위한 한자 교육의 기초를 닦는 데 노력을 아끼지 않은 여러 선생님들과 이 책이 완성되기까지 헌신적으로 참여해 준 집필진들께 이 자리를 빌려 깊은 감사를 드린다. 또한 이 책의 번역을 맡아 주신 애나 백 선생님, 한자 교육 전문가의 시각으로 정교하게 검토해 주신 이명희 선생님, 이 책의 출판을 맡아 주신 (주)다락원 정규도 사장님과 한국어출판부 편집진 여러분께도 감사의 마음을 전한다.

2022. 8
김호정
서울대학교 언어교육원 한국어교육센터 소장

INTRODUCTION

The relationship between Hanja and Korean is similar to the one between Latin and English. It is easy to understand how Korean words are constructed when you know Hanja. Foreigners who are learning Korean can enhance their vocabulary greatly by learning Hanja. This book is a revised version of "Useful Chinese Characters for Learners of Korean," for those who are trying to improve their Korean vocabulary by learning Hanja. It is based on special Hanja classes, basic and intermediate, run by the Korean Language Education Center at Language Education Institute of Seoul National University.

This book can be characterized by the following.

The Hanja within have been chosen to enhance Korean vocabulary.

The book presents basic Hanja that have been specifically chosen to improve Korean vocabulary. The Hanja are also categorized by themes, enabling learners to grasp their correlation in order to enhance learning efficiency.

It enables a systematic approach to Hanja and words written with them.

In the beginner level, you'll learn basic principles of Hanja and basic Hanja. In the intermediate level, you'll learn how words written with Hanja are formed based on the basic Hanja you learned in the beginner level.

Learning Hanja can lead to better communication skills in Korean.

By learning Hanja, you can better understand how Korean vocabulary is expanded, and by exemplifying Hanja for educational use in a highly practical context, they can be effectively used in Korean communication.

Sufficient writing practice can allow learners to internalize the shape and meaning of Hanja.

For learners who don't yet have enough practice to write Hanja using only this textbook, a separate handwriting workbook is provided. In the process of writing Hanja, their shape and meaning becomes internalized so that learners become more familiar with them.

Many people helped to make this book. The <Beginner> level was based on <Basic Hanja,> revised by Jeong In Ah, Shin Hye Won, and Oh Mi Nam and written by Choi Eun Kyu and Kim Chung Hwa. I want to say a special "thank you" to the many teachers who put their heart and soul into developing these textbooks and teaching the Hanja classes, and to the dedicated writers of this book. Also, thanks to Ms. Anna Paik who translated this book, Ms. Lee Myung Hee who reviewed from the perspective of Hanja education expert, Mr. Chung Kyu-do, the head of Darakwon, and all the editors.

2022. 8.

Kim Ho jung

Director of Korean Language Education Center,
Language Education Institute, Seoul National University

Each chapter includes 10 to 12 Hanja. In the <Intermediate> level, advanced Hanja that appear frequently in Korean words written in Hanja are added.

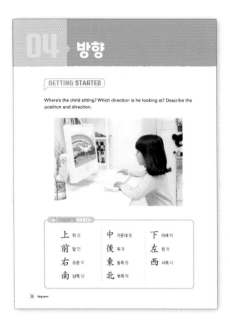

GETTING STARTED

You can expand your background knowledge through images related to the subject and check the Hanja you are learning in each lesson.

LET'S LEARN

Pronunciation, meaning, radicals, total strokes, and stroke order of Hanja are presented in the section.

An example sentence is provided for each Hanja so you can listen how it is used in context by scanning the QR codes.

In the <Intermediate> level, you can learn how the compound words and derivative words are made.

You can review the words and strengthen the vocabulary you've learned through various exercises.

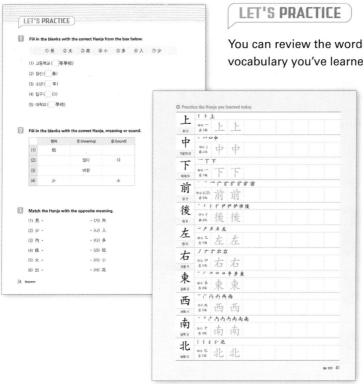

You can practice writing each Hanja correctly while considering its shape, meaning, and stroke order.

HANDWRITING WORKBOOK

A handwriting workbook is provided for learners who don't yet have enough practice to write Hanja using only the textbook.

CONTENTS

● Beginner

TABLE OF CONTENTS

Beginner

Intermediate

Chap.	Title	Today's Hanja	Words Written in Hanja
01	人生	生老病死結婚 愛情式親	生日, 人生, 老人, 養老院, 病院, 心臟病, 死亡, 死刑, 結果, 結末, 結合, 約婚, 新婚旅行, 未婚, 愛人, 愛玩動物, 戀愛, 人情, 友情, 情報, 入學式, 卒業式, 結婚式, 葬禮式, 親切, 親舊
02	教育	育習宿題豫復 開放讀書	教師, 教室, 教科書, 育兒, 體育, 學校, 學生, 練習, 慣習, 習慣, 宿食, 宿泊, 題目, 話題, 豫習, 豫約, 復習, 往復, 開學, 開放, 放學, 放送, 讀書, 讀者, 書店, 讀者, 說明書, 報告書
03	性格	性格自信的點 感快活	性急, 個性, 性別, 人格, 資格, 價格, 自己, 自由, 自然, 信用, 不信, 確信, 女性的, 內省的, 外向的, 積極的, 長點, 重點, 問題點, 感情, 感動, 自信感, 快感, 快活, 愉快, 活力, 活氣, 活動
04	經濟	經濟價財産費 料加減	經濟力, 經濟學, 經濟的, 物件, 生物, 價格, 評價, 財物, 文化財, 産業, 生産, 交通費, 生活費, 食費, 學費, 車費, 入場料, 授業料, 給料, 保險料, 觀覽料, 增加, 參加, 減少, 減量
05	職業	職業會社者員 師勞成	職員, 職場, 就職, 授業, 事業, 工業, 會長, 會員, 同窓會, 社長, 社員, 新聞社, 科學者, 技術者, 勞動者, 會社員, 販賣員, 從業員, 教師, 醫師, 料理師, 小說家, 音樂家, 藝術家, 勞動, 勞使, 成功, 成果, 成長
06	交通	交通道路場所 線乘速	交換, 外交, 交叉路, 通過, 通路, 通行, 車道, 人道, 道理, 大路, 進入路, 大學路, 市場, 運動場, 公演場, 研究, 休憩所, 案內所, 車線, 二號線, 路線, 乘車, 乘客, 速度, 過速, 高速
07	大衆 文化	衆化映畵最新 聽歌	公衆, 觀衆, 民衆, 變化, 實用化, 老化, 放學, 放心, 送金, 送別會, 上映, 反映, 映像, 畵家, 畵面, 西洋畵, 最高, 最低, 最善, 新世代, 新人, 新式, 視力, 視線, 聽衆, 聽取, 歌手, 歌謠
08	傳統 文化	傳統國樂民代 有無遺古	傳達, 傳說, 遺傳, 統計, 血統, 統一, 國家, 國民, 外國, 音樂, 樂器, 娛樂, 國民, 市民, 失鄕民, 現代, 時代, 世代, 有名, 有識, 有料, 無名, 無識, 無料, 遺産, 遺物, 遺言, 古都, 古代, 古典
09	旅行	旅行世界全各 名休食	旅券, 旅館, 旅費, 行動, 行事, 善行, 出世, 世代, 世紀, 外界人, 限界, 政治界, 全國, 全世界, 全部, 各國, 各界, 各自, 名所, 名品, 名門, 休日, 休息, 連休, 食堂, 食事, 飮食
10	學問	思想理論意識 力未知實	思考, 意思, 思春期, 想像, 豫想, 假想, 理由, 一理, 理解, 討論, 論文, 言論, 意見, 意味, 意思疏通, 常識, 無識, 認識, 努力, 能力, 思考力, 未婚, 未完成, 未知, 知識, 知能, 親知, 實踐, 實感, 誠實
11	言語	言語用法館店 話談記作	言論, 言爭, 失言, 韓國語, 外國語, 單語, 利用, 活用, 費用, 法律, 法官, 國際法, 圖書館, 大使館, 體育館, 博物館, 書店, 百貨店, 露店, 本店, 話題, 對話, 弄談, 相談, 記錄, 日記, 作文, 作家
12	科學	發見技術非不 進科利	出發, 發明, 發展, 意見, 偏見, 見學, 競技, 特技, 美術, 藝術, 非科學的, 非人間的, 非效率的, 不安, 不滿, 不足, 進步, 進行, 科學, 科目, 內科, 利用, 利益, 便利
13	부수 I	宀木 氵(水) 亻(人) 雨 艹(艸) 見	家族, 教室, 住宅, 結果, 林野, 根本, 漢江, 洗手, 東海, 連休, 自信感, 位置, 白雪, 雲海, 電氣, 花園, 花草, 茶器, 視聽, 觀光, 親舊
14	부수 II	力子女忄(心) 辶(辵) 言 灬(火) 口	勞力, 動物, 增加, 孫子, 孝子, 漢字, 未婚, 好意, 妻家, 人情, 感動, 想像, 前進, 交通, 道路, 外國語, 對話, 日記, 照明, 熱, 無料, 質問, 痛哭, 呼名

Let's Learn Hanja

● How Hanja are formed

There are three elements to form Hanja: character form, meaning, and sound. "Hun" is the Hanja for meaning and "eum" is for sound. Let's read the following character.

The character is read "il" and it means "day." You need to know the form (日), how to read it (il), and also its meaning (day).

| form | meaning | sound |

» Let's take a look at some other characters.

form	meaning	sound
天	하늘 sky	천
父	아버지 father	부
人	사람 human	인

● How to write Hanja

1   Write from top to bottom.

三 ➡ ー 二 三

2   Write from left to right.

川 ➡ ノ 刀 川

3   When two strokes cross, write the horizontal strokes before the vertical ones.

十 ➡ 一 十

4   When the left and right strokes are identical, write the center stroke before the symmetrical wings.

小 ➡ 亅 小 小

5   When a stroke crosses the center of other strokes, write the vertical stroke last.

中 ➡ 丶 冂 口 中

6   Write from the outside in.

四 ➡ 丨 冂 冂 四 四

7   When a stroke crosses other strokes from left to right, write the horizontal stroke last.

子 ➡ 乛 了 子

8   Minor strokes, like the dot on the right, are written last.

犬 ➡ 一 ナ 大 犬

1 **Pictographs:** A pictograph is a depiction of a material object.

아들 자
son

2 **Symbolics:** Symbolics refer to the formation of abstract characters with symbolizing signs.

위 상
up, above

3 **Ideographs:** Ideographs are compounds, composed of two or more existing characters.

쉬다 휴
to rest

4 **Phonetic-semantic compounds:** A phonetic compound consists of a semantic radical and a phonetic radical.

비다 공
to be empty

》 **Let's learn how to look up the following characters in a dictionary of Hanja.**

number	①	②	③	④	⑤
Hanja	大	木	林	雨	雪
meaning	크다 to be, to be large	나무 tree	숲 forest	비 rain	눈 snow
sound	대	목	림(임)	우	설
radical	大	木	木	雨	雨
residual radical	0	0	4	0	3
total strokes	3	4	8	8	11

1 Searching by the sound

When you know how a character is pronounced, you can look it up in a dictionary by its sound. It's listed in 가나다 order.

sound	ㄱ - ㄴ - ㄷ - ㄹ - ㅁ - ㅂ - ㅅ - ㅇ - ㅈ - ㅊ - ㅋ - ㅌ - ㅍ - ㅎ

① 대 ③ 림 ② 목　⑤ 설 ④ 우

2 Searching by main radical and residual stroke count.

When you don't know how a character is pronounced, you can search using the character's main radical and residual stroke count. The main radical is called "busu." There are 214 main radicals. You can look up radicals at the beginning of a dictionary. When characters have the same radicals, the one with less residual strokes comes first.

radical	··· 大 - ··· 木 - ··· 林 - ··· 雨 - ··· 雪

① 大(大,0) ② 木(木,0) ③ 林(木,4) ④ 雨(雨,0) ⑤ 雪(雨,3)

3 Searching by total strokes

When you don't know either the sound or main radical of a character, you can search for the character by its total strokes. Total strokes include the number of strokes of the main radical.

total strokes	1 - 2 - 3 - 4 - 5 - 6 - 7 - 8 ···· 11 - ···

① 大(3) ② 木(4) ③ 林(8) ④ 雨(8) ⑤ 雪(11)

BEGINNER

01 숫자

GETTING STARTED

Let's read the numbers.

52가 3108

39나 2764

📋 TODAY'S HANJA

一	하나 일	二	둘 이	三	셋 삼
四	넷 사	五	다섯 오	六	여섯 육
七	일곱 칠	八	여덟 팔	九	아홉 구
十	열 십	百	일백 백	千	일천 천
萬	일만 만				

⭐ **One to Five** 1 – 5

一 ─ 一

하나 일
one

二 ─ 二

둘 이
two

三 ─ 二 三

셋 삼
three

四 丨 冂 冂 四 四

넷 사
four

五 ─ 丁 五 五

다섯 오
five

📖 **LET'S READ**

- 제 생일은 二월 一일입니다.

- 저는 대학교 三학년입니다.

- 한국은 四계절이 있습니다.

- 종로 五가에 갑니다.

六
一 二 六 六

여섯 육
six

七
一 七

일곱 칠
seven

八
ノ 八

여덟 팔
eight

九
ノ 九

아홉 구
nine

十
一 十

열 십
ten

📖 **LET'S READ**

Track 004

- 초등학교는 六학년까지 있습니다.

- 九월에 가을이 시작됩니다.

- 추석은 음력 八월 十五일입니다.

百

일백 백

one hundred

一 丆 丆 丆 百 百

- 백 원 百 원 one hundred won
- 백과사전 百科事典 an encyclopedia

백 원

千

일천 천

one thousand

丿 二 千

- 천 원 千 원 one thousand won
- 천리안 千里眼 clairvoyance

천 원

萬

일만 만

ten thousand

一 十 卝 节 艻 芦 苩 苩 苩
萬 萬 萬 萬

- 만 원 萬 원 ten thousand won
- 만수무강 萬壽無疆 long-lived life

만 원

📖 **LET'S READ**

Track 006

- 버스비는 **千五百** 원입니다.

- 점심값이 **九千** 원입니다.

- 세종대왕의 얼굴이 있는 돈은 **萬** 원입니다.

1 Fill in the blanks with the correct numbers.

(1)

(2)

2 What time is it? Write the minutes in Hanja.

(1) | 2 : 3 4   열두 시 _____분

(2) 7 : 2 5   일곱 시 _____분

3 How much is it? Write the answers in Hanja.

(1)

_____원

(2)

_____원

4 Write the room number or bus number in Hanja.

★ **Practice the Hanja you learned today.**

一 하나 일	一 부수 一 총 1획	一	一				
二 둘 이	一 二 부수 二 총 2획	二	二				
三 셋 삼	一 二 三 부수 一 총 3획	三	三				
四 넷 사	丨 冂 冂 四 四 부수 口 총 5획	四	四				
五 다섯 오	一 丁 五 五 부수 二 총 4획	五	五				
六 여섯 육	丶 一 六 六 부수 八 총 4획	六	六				
七 일곱 칠	一 七 부수 一 총 2획	七	七				
八 여덟 팔	丿 八 부수 八 총 2획	八	八				
九 아홉 구	丿 九 부수 乙 총 2획	九	九				
十 열 십	一 十 부수 十 총 2획	十	十				
百 일백 백	一 一 丆 丆 百 百 부수 白 총 6획	百	百				
千 일천 천	丿 二 千 부수 十 총 3획	千	千				
萬 일만 만	一 十 十 艹 芇 苹 苗 莒 莒 萬 萬 萬 萬 부수 艹 (艸) 총 13획	萬	萬				

날짜와 요일

Let's talk about dates and days of the week looking at a calendar.

CALENDAR

8月   August

	1	2	3	4	5	6
7	8	9	10	11	12	13
14	15	16	17	18	19	20
21	22	23	24	25	26	27
28	29	30	31			

✅ TODAY'S HANJA

日	날, 해 일	月	달 월	火	불 화
水	물 수	木	나무 목	金	쇠 금
土	흙 토	年	해 년/연	時	때 시
分	나누다 분				

⭐ **Nature and Days of the Week** 자연과 요일

Track 007

日
날, 해 **일**
a day, the sun

丨 冂 冂 日

- 일기 **日**記 a diary
- 일출 **日**出 a sunrise
- 생일 生**日** birthday

일출

月
달 **월**
the moon

丿 刀 月 月

- 월출 **月**出 moonrise
- 월급 **月**給 monthly salary
- 월요일 **月**曜日 Monday

월출

火
불 **화**
fire

丶 丷 少 火

- 화재 **火**災 a fire
- 화상 **火**傷 a burn
- 화산 **火**山 a volcano

화재

水
물 **수**
water

丨 刁 水 水

- 수영 **水**泳 swimming
- 수도 **水**道 water service
- 생수 生**水** spring water

수영

📖 **LET'S READ**

Track 008

- 나는 매주 **月曜日**과 **水曜日**에 **水泳**을 배운다.
   요   요   영
- 이번 주 **火曜日**은 내 **生日**이다.
   요   생

木 나무 목 a tree	一 十 才 木 • 목수　木手　a carpenter • 목마　木馬　a wooden horse • 식목일　植木日　Arbor Day	 목마

金 쇠 금 iron, metal	ノ 人 人 스 수 수 金 金 • 금색　金色　a golden color • 요금　料金　a fee, a charge • 등록금　登錄金　a registration fee	 금색

土 흙 토 earth, soil	一 十 土 • 토지　土地　land • 국토　國土　a country • 토요일　土曜日　Saturday	 토지

LET'S READ

Track 009

- 4월 5일은 **植木日**이다.
  _식

- 매월 25일은 전화 **料金** 내는 날이다.
  요

- 한국은 **國土**가 작지만 발전한 나라이다.
  국

年
해 년/연
a year

ノ ケ ト ヒ ヒ 午 年

연말

- 연세 年歲 age
- 연말 年末 the year-end
- 매년 每年 every year

🔍 Originally, 年 is read [년] and written "년."

When 年 is used as the first letter, it is read [연] and written "연."

★ **Time** 시간

時
때 시
time

丨 冂 日 日 日゠ 日⁺ 昨
昨 時 時

시계

- 시간 時間 time
- 시계 時計 a clock, a watch
- 일시 日時 day and time

分
나누다 분
to divide

ノ 八 分 分

11시 55분

- 분수 分數 a fraction
- 11시 55분 11時 55分 eleven fifty-five
- 분야 分野 a sphere (of study)

📖 **LET'S READ**

- 내 생년월일은 **千九百八十五年 七月 三十一日**이다.

- **時間** 있으면 차나 한잔합시다.
  간

- 지금은 5**時** 30**分**이다.

1 **Look at the calendar and answer the questions.**

4月

日	月	火	水	木	金	土
1	2	3	4	5 植木日	6	7
8	9	10	11	12	13	14
15	16 生日	17	18	19	20	21
22	23	24	25 月給	26	27	28
28	30 登録金	31				

(1) 생일은 몇 월 며칠입니까?

(2) 월급을 받는 날은 몇 월 며칠입니까?

(3) 4월 17일은 무슨 요일입니까?

2 **Match the Hanja with the words having the meaning of.**

(1) 分 ·   · (가) 등록금

(2) 金 ·   · (나) 시간

(3) 時 ·   · (다) 분수

3 **Fill in the blanks with the correct Hanja from the box below.**

① 金   ② 日   ③ 水   ④ 月   ⑤ 火   ⑥ 年   ⑦ 木

(1) 생일(生◻) 때 친구에게 예쁜 일기(◻記) 공책을 받았다.

(2) 팔월(八◻) 삼십일(三十◻) 목요일(◻曜◻)에 만납시다.

(3) 이번 달 수도(◻道) 요금(料◻)이 너무 많이 나왔다.

✪ Practice the Hanja you learned today.

日 날 일	ㅣ ㄇ ㅂ 日						
	부수 日 총 4획	日	日				

月 달 월	ㅣ ㄇ 月 月						
	부수 月 총 4획	月	月				

火 불 화	ㆍ ㅣㆍ 少 火						
	부수 火 총 4획	火	火				

水 물 수	ㅣ 刁 水 水						
	부수 水 총 4획	水	水				

木 나무 목	一 十 才 木						
	부수 木 총 4획	木	木				

金 쇠 금	ノ 人 스 스 슷 슷 金 金						
	부수 金 총 8획	金	金				

土 흙 토	一 十 土						
	부수 土 총 3획	土	土				

年 해 년/연	ノ 느 느 느 年						
	부수 干 총 6획	年	年				

時 때 시	ㅣ ㄇ ㅂ 日 日 旷 昨 昨 時 時						
	부수 日 총 10획	時	時				

分 나누다 분	ノ 八 分 分						
	부수 刀 총 4획	分	分				

크기와 위치

GETTING STARTED

How would you describe the sizes of the following things in Hanja?

TODAY'S HANJA

大 크다 대	小 작다 소	多 많다 다
少 적다 소	長 길다 장	短 짧다 단
高 높다 고	低 낮다 저	內 안 내
外 바깥 외	出 나가다 출	入 들어가다 입

⭐ **Sizes, Quantities 크기, 양**

Track 013

大
크다 대
to be big, to be large

一 ナ 大
- 대형 大型 a large (full) size
- 대기업 大企業 a large enterprise
- 대학교 大學校 a university

대형 크레인

小
작다 소
to be small

丁 小 小
- 소형 小型 a small size
- 중소기업 中小企業 a small or medium sized enterprise

소형차

多
많다 다
to be many, much

丿 ク タ 夕 多 多
- 다량 多量 much quantity
- 대다수 大多數 a large majority
- 삼다도 三多島 another name for Jeju Island

삼다도(제주도)

少
적다 소
to be few

丁 小 小 少
- 소량 少量 a small quantity
- 소년 少年 a boy

소년

📖 **LET'S READ**

Track 014

■ 나는 **大學**을 졸업한 후 **大企業**에 다니고 싶다.
　　　학　　　　　　기 업

■ 기름값이 올라서 **小型車**를 사는 사람이 많아졌다.
　　　　　　　형 차

長
길다 장
to be long

一 厂 F F E 토 토 長

- 장신 長身 a high stature
- 장거리 長距離 a long distance
- 사장 社長 the president of a company

장거리 마라톤

短
짧다 단
to be short

丿 人 느 チ 矢 矢 矢 矢 矩
知 短 短

- 단신 短身 short (small) stature
- 단거리 短距離 a short distance

단신

※ 長 and 短 are also used to mean "good" and "bad." (장점 長點 a merit / 단점 短點 a weak point)

高
높다 고
to be high

丶 一 亠 古 亩 户 高 高 高 高

- 고급 高級 a high class (grade)
- 고층 高層 upper floors
- 고등학교 高等學校 high school

고층 건물

低
낮다 저
to be low

丿 亻 亻 仁 仟 低 低

- 저급 低級 low class (grade)
- 저층 低層 low-rise
- 저혈압 低血壓 low blood pressure

저층

 **LET'S READ**

Track 016

- 서울에는 **高層** 건물이 많다.
  　　　층

- 그 농구 팀에는 **長身** 선수가 많다.
  　　　　　　신

- 나는 한국 대학교에 입학하기 위해서 한국어 **高級** 반에 다닌다.
  　　　　　　　　　　　　　　　　　　　　　급

內
안 내
the inside

丨 冂 内 内

- 실내 室內 indoor
- 내과 內科 internal medicine
- 국내 國內 domestic

실내

外
바깥 외
the outside

ノ ク タ 列 外

- 실외 室外 outdoor
- 외과 外科 surgery
- 외국 外國 a foreign country

외과

出
나가다 출
to go out

丨 屮 屮 出 出

- 출구 出口 an exit
- 외출 外出 going out
- 출발 出發 departure

출구

入
들어가다 입
to enter

ノ 入

- 입구 入口 an entrance
- 입학 入學 entering a school
- 수입 收入 an income

입구

📖 **LET'S READ**

Track 018

- 감기에 걸려 **內科**에 갔다.
  과

- 지하철 3번 **出口**로 나오면 큰 서점이 보여요.
  구

- 길을 물어보는 **外國人**에게 길을 가르쳐 주었다.
  국 인

LET'S PRACTICE

1 **Fill in the blanks with the correct Hanja from the box below.**

① 長　②大　③高　④小　⑤多　⑥入　⑦少

(1) 고등학교 (□等學校)

(2) 장신 (□身)

(3) 소년 (□年)

(4) 입구 (□口)

(5) 대학교 (□學校)

2 **Fill in the blanks with the correct Hanja, meaning or sound.**

	한자	뜻 (meaning)	음 (sound)
(1)	短		
(2)		많다	다
(3)		바깥	
(4)	少		소

3 **Match the Hanja with the opposite meaning.**

(1) 長 ·　　　　　　· (가) 外

(2) 少 ·　　　　　　· (나) 入

(3) 內 ·　　　　　　· (다) 多

(4) 低 ·　　　　　　· (라) 短

(5) 大 ·　　　　　　· (마) 小

(6) 出 ·　　　　　　· (바) 高

大 크다 대	一 ナ 大						
	부수 大 총 3획	大	大				
小 작다 소	亅 小 小						
	부수 小 총 3획	小	小				
多 많다 다	ノ ク タ タ 多 多						
	부수 夕 총 6획	多	多				
少 적다 소	亅 小 小 少						
	부수 小 총 4획	少	少				
長 길다 장	一 厂 FF F F 長 長						
	부수 長 총 8획	長	長				
短 짧다 단	ノ ト 느 チ 矢 矢 知 知 短 短 短						
	부수 矢 총 12획	短	短				
高 높다 고	` 一 广 亠 亯 户 高 高 高 高						
	부수 高 총 10획	高	高				
低 낮다 저	ノ イ イ 仁 仟 低 低						
	부수 亻(人) 총 7획	低	低				
內 안 내	丨 门 內 內						
	부수 入 총 4획	內	內				
外 바깥 외	ノ ク タ 列 外						
	부수 夕 총 5획	外	外				
出 나가다 출	丨 屮 屮 出 出						
	부수 凵 총 5획	出	出				
入 들어가다 입	ノ 入						
	부수 入 총 2획	入	入				

04 ▶ 방향

GETTING STARTED

Where's the child sitting? Which direction is she looking at? Describe the position and direction.

✓ TODAY'S HANJA

上 위 상	中 가운데 중	下 아래 하
前 앞 전	後 뒤 후	左 왼 좌
右 오른 우	東 동쪽 동	西 서쪽 서
南 남쪽 남	北 북쪽 북	

LET'S LEARN

⭐ **Up, Middle, Down** 위, 가운데, 아래

Track 019

上
위 상
on, up, above

丨 十 上

- 상의 **上衣** a top
- 인상 **引上** raise, increase
- 향상 **向上** improvement, betterment

상의

中
가운데 중
middle

丨 冂 口 中

- 중간 **中間** middle, midterm
- 중국 **中國** China
- 중고 **中古** secondhand

중국

下
아래 하
down

一 丁 下

- 지하 **地下** underground, basement
- 지하철 **地下鐵** subway
- 영하 **零下** sub-zero

지하철

📖 **LET'S READ**

Track 020

- 다음 달부터 월급이 **引上**됩니다.
  인

- **中間**시험이 다음 주예요.
  간

- **地下鐵**을 타야 해요.
  지   철

前
앞 전
front

`丶 丷 丷 产 劳 前 前 前 前`

- 오전 午前 the morning, a.m.
- 전생 前生 one's former life
- 전반 前半 the first half

오전

後
뒤 후
back

`丿 夕 彳 彳 往 往 移 後 後`

- 오후 午後 afternoon
- 이후 以後 after this
- 최후 最後 the last

오후

左
왼 좌
left

`一 ナ 左 左 左`

- 좌회전 左回轉 turning left
- 좌측 左側 left side
- 좌뇌 左腦 left brain

좌측 얼굴

右
오른 우
right

`丿 ナ 木 右 右`

- 우회전 右回轉 turning right
- 좌우 左右 left and right

우회전

📖 **LET'S READ**

Track 022

- 저기에서 **右回轉** 해 주세요.
  회 전

- **午前**에 일을 마쳐야 해요. **午後**에는 다른 일이 있어요.
  오   오

- 수업 시작하기 **前**에 숙제를 내세요.

東
동쪽 동
east

一 厂 厂 亓 百 亘 車 東 東

- 동해 **東海** the East Sea
- 동대문 **東大門** Dongdaemun (the East Gate of Seoul)
- 중동 **中東** the Middle East

동대문

西
서쪽 서
west

一 厂 厂 丙 西 西

- 서해 **西海** the west sea, the Yellow Sea
- 서양 **西洋** the West

서해대교

南
남쪽 남
south

一 十 广 肉 肉 肉 南 南 南

- 남대문 **南大門** Namdaemun (the South Gate of Seoul)
- 남한 **南韓** South Korea
- 동남아 **東南亞** Southeast Asia

남대문시장

北
북쪽 북
north

丨 ㅓ ㅓ 北 北

- 북한 **北韓** North Korea
- 북두칠성 **北斗七星** the Big Dipper

북두칠성

📖 **LET'S READ**

Track 024

- 이번 휴가에는 **東海**로 갈 거예요.
  해

- 저는 요즘 **西洋** 역사에 대한 책을 읽고 있어요.
  양

- 저는 **南大門**시장이나 **東大門**시장에 가는 것을 좋아해요.
  문   문

1 Look at the map and fill in the blanks with the correct Hanja.

① 東   ② 西   ③ 南   ④ 北

한국의 ☐ 쪽에는 일본이 있고 ☐ 쪽에는 중국이 있습니다. ☐ 쪽에는 러시아가 있고

☐ 쪽에는 호주가 있습니다.

2 Which direction is the following sentences saying? Write the correct Hanja from the box below.

① 前   ② 後   ③ 左   ④ 右   ⑤ 左右

(1) 우리집 앞에 큰 슈퍼마켓이 있습니다. (   )

(2) 제 왼쪽, 오른쪽 옆 자리에 모두 일본 학생이 앉아 있습니다. (   )

(3) 길을 건널 때 왼쪽, 오른쪽을 모두 잘 보고 건너야 합니다. (   )

(4) 건물 뒤에 작은 산이 있습니다. (   )

(5) 오른쪽 팔이 아파요. (   )

(6) 저기서 좌회전 해주세요. (   )

✪ Practice the Hanja you learned today.

한자	뜻·음	필순	부수	총획	따라 쓰기
上	위 상	丨 ⺊ 上	부수 一	총 3획	上 上
中	가운데 중	丨 冂 口 中	부수 丨	총 4획	中 中
下	아래 하	一 丅 下	부수 一	총 3획	下 下
前	앞 전	丶 丷 䒑 产 前 前 前 前 前	부수 刂(刀)	총 9획	前 前
後	뒤 후	ノ 彳 彳 彳 彳 彳 後 後 後	부수 彳	총 9획	後 後
左	왼 좌	一 ナ 𠂇 左 左	부수 工	총 5획	左 左
右	오른 우	ノ ナ 𠂇 右 右	부수 口	총 5획	右 右
東	동쪽 동	一 𠃌 冂 日 申 車 東 東	부수 木	총 8획	東 東
西	서쪽 서	一 𠃌 冂 襾 西 西	부수 襾	총 6획	西 西
南	남쪽 남	一 十 冂 冇 冇 冇 南 南 南	부수 十	총 9획	南 南
北	북쪽 북	丨 丬 丬 北 北	부수 匕	총 5획	北 北

자연과 인간

Nature gives a lot of influences on people's life. Let's look at the beautiful nature around us.

TODAY'S HANJA

天 하늘 천	地 땅 지	江 강 강
山 산 산	海 바다 해	林 숲 림/임
川 내 천	石 돌 석	星 별 성
人 사람 인	間 사이 간	

⭐ **Nature** 자연

天
하늘 천
the sky

一 二 于 天
- 천국 天國 heaven
- 천사 天使 an angel
- 천재 天才 a genius

천사

地
땅 지
the earth

一 十 土 圵 圤 地
- 지하철 地下鐵 subway
- 지도 地圖 a map
- 지진 地震 an earthquake

지도

江
강 강
a river

丶 丶 氵 汀 江 江
- 한강 漢江 Hangang River
- 강남 江南 the south of a river

한강

山
산 산
a mountain

 丨 凵 山
- 등산 登山 mountain climbing
- 설악산 雪嶽山 Seoraksan Mountain

등산

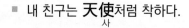

- 내 친구는 **天使**처럼 착하다.
  　　　사
- **地下鐵**은 빠르고 편리하다.
  　　철
- 내일 친구와 **登山**을 가기로 했다.
  　　　　등

海
바다 해
the sea

丶 冫 氵 氵 沪 海 海
海 海

- 동해 東海 the East Sea
- 해물 海物 seafood
- 해군 海軍 the navy

해물 시장

林
숲 림/임
forest

一 十 オ 木 朩 村 杵 林

- 산림 山林 a forest
- 임업 林業 forestry

산림

川
내 천
a stream

丿 丿 川

- 산천 山川 mountains and streams, nature
- 인천 仁川 Incheon
- 청계천 清溪川 Cheonggyecheon Stream

청계천

📖 LET'S READ

Track 027

- 이번 여름방학에는 **東海**로 여행을 갈까 한다.

- **山林**을 보호해야 한다.

- **清溪川**에 놀러 가서 사진을 많이 찍었다.
  청 계

石
돌 석
a stone

一 丁 ズ 石 石

- 석탑 石塔 a stone tower
- 보석 寶石 a jewel
- 자석 磁石 a magnet

석탑

星
별 성
a star

丶 冂 冋 日 戸 旦 早 里 星

- 화성 火星 Mars
- 위성 衛星 a satellite
- 북극성 北極星 Polaris

인공위성

⭐ **Human** 인간

Track 028

人
사람 인
person

丿 人

- 인생 人生 life
- 외국인 外國人 a foreigner
- 개인 個人 an individual

개인택시

間
사이 간
a space,
an interval

丨 冂 冂 冖 冂 門 門 門 門
閈 閒 間

- 시간 時間 time, an hour
- 공간 空間 space
- 간식 間食 a snack, eating between meals

간식

📖 **LET'S READ**

Track 029

- 경주에 여행 가서 오래된 **石塔**을 구경했다.
  탑

- 한국어를 배우면서 다른 많은 **外國人**을 만났다.
  국

- 약속 **時間**에 늦어서 친구가 화를 냈다.

LET'S PRACTICE

1 **Match the Hanja with the correct words.**

(1) 石 •   • (가) 청계천

(2) 川 •   • (나) 해물

(3) 地 •   • (다) 보석

(4) 海 •   • (라) 지하철

(5) 人 •   • (마) 외국인

2 **Fill in the blanks with the correct Hanja, meaning, or sound.**

	한자	뜻 (meaning)	음 (sound)
(1)	間		
(2)		하늘	천
(3)	星	별	
(4)		숲	

3 **Fill in the blanks with the correct Hanja from the box below.**

① 天   ② 間   ③ 石   ④ 江   ⑤ 山

(1) 시간(時⬚) 있으면 차나 함께 마실까요?

(2) 어제는 날씨가 좋아서 한강(漢⬚)에서 배를 탔다.

(3) 등산(登⬚)을 하면 건강에도 좋고 아름다운 경치도 볼 수 있다.

✪ Practice the Hanja you learned today.

天 하늘 천	一 二 于 天
	부수 大 총 4획 天 天

地 땅 지	一 十 土 圵 坩 地
	부수 土 총 6획 地 地

江 강 강	丶 丶 氵 氵 汀 江
	부수 氵(水) 총 6획 江 江

山 산 산	丨 屮 山
	부수 山 총 3획 山 山

海 바다 해	丶 丶 氵 氵 汇 汇 海 海 海 海
	부수 氵(水) 총 10획 海 海

林 숲 림/임	一 十 才 木 杧 村 材 林
	부수 木 총 8획 林 林

川 내 천	丿 刂 川
	부수 川 총 3획 川 川

石 돌 석	一 丆 丆 石 石
	부수 石 총 5획 石 石

星 별 성	丶 冂 冂 日 月 旦 星 星 星
	부수 日 총 9획 星 星

人 사람 인	丿 人
	부수 人 총 2획 人 人

間 사이 간	丨 冂 冂 冂 冃 門 門 門 門 問 間 間
	부수 門 총 12획 間 間

신체

GETTING STARTED

This is a picture of human body. What are the names for each part?

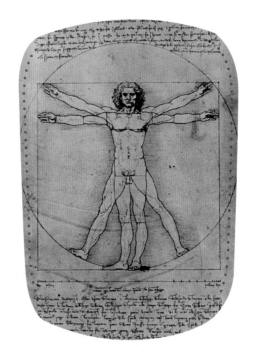

TODAY'S HANJA

耳 귀이	目 눈목	口 입구
鼻 코비	手 손수	足 발족
齒 이치	血 피혈	骨 뼈골
肉 고기육	心 마음심	身 몸신

⭐ **Face** 얼굴

Track 030

耳
一 丁 下 下 王 耳
귀 이
an ear

- 내이 內耳 an inner ear
- 중이염 中耳炎 ear infection, tympanitis
- 외이 外耳 an external ear

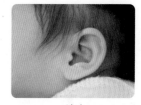
외이

目
丨 冂 冂 月 目
눈 목
an eye

- 안목 眼目 a discerning eye
- 이목 耳目 the ear and eye, public attention
- 목격자 目擊者 an eyewitness

이목

口
丨 冂 口
입 구
a mouth

- 식구 食口 family members
- 인구 人口 population
- 출구 出口 an exit, gate to go out

식구

鼻
丶 亻 冂 臽 白 白 自 鳥 鳥 鳥
畠 畠 鼻 鼻
코 비
a nose

- 이목구비 耳目口鼻 ear, eye, mouth and nose / face
- 이비인후과 耳鼻咽喉科 an ear, nose and throat clinic

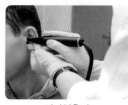
이비인후과

Track 031

📖 **LET'S READ**

- 그 사람은 영화배우처럼 **耳目口鼻**가 잘생겼다.

- 목감기가 심해서 **耳鼻咽喉科**에 갑니다.
  인 후 과

手
손 수
a hand

一 二 三 手

- 수건 **手巾** a towel
- 세수 **洗手** face washing
- 악수 **握手** a handshake

악수

足
발 족
a foot

丶 口 口 吊 足 足 足

- 족적 **足跡** a footprint, traces
- 족구 **足球** volleyball using the foot

족적

齒
이 치
a tooth

丨 止 止 齿 齿 齿 齿 齿 齿 齿 齿 齿 齒 齒

- 치과 **齒科** a dental clinic
- 충치 **蟲齒** a decayed tooth, cavity
- 치통 **齒痛** toothache

치과

血
피 혈
blood

丶 丶 冂 血 血 血

- 혈액 **血液** blood
- 혈액형 **血液型** blood type
- 헌혈 **獻血** blood donation

혈액

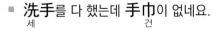 LET'S READ

 Track 033

■ **洗手**를 다 했는데 **手巾**이 없네요.
　세　　　　　　　　건

■ **蟲齒**가 생겨서 **齒科**에 갔습니다.
　충　　　　　　과

■ **血液型**이 O형인 사람의 **獻血**을 기다립니다!
　액 형　　　　　　　　헌

骨
뼈 골
a bone

丨 冂 冃 冃 冎 咼 骨 骨 骨

- 골절 骨折 a skeletal fracture
- 골격 骨格 frame, bone structure
- 해골 骸骨 a skeleton, bones

골절

肉
고기 육
flesh, meat

丨 冂 内 内 肉 肉

- 육식 肉食 a meat diet
- 육체 肉體 the flesh, the body

육식 동물

⭐ Body and Mind 몸과 마음

Track 034

心
마음 심
mind

丶 心 心 心

- 심장 心臟 the heart
- 심리 心理 psychology
- 욕심 慾心 greed

심장

身
몸 신
body

丿 丨 丿 自 自 身 身

- 신체 身體 the (human) body
- 신장 身長 one's height

신장

📖 LET'S READ

Track 035

- **肉食**을 많이 하면 건강에 안 좋다고 합니다.
  식

- 너무 **慾心**을 부리면 **心身**에 병이 생길 수 있어요.
  욕

- 그 친구는 **身長**이 커서 농구할 때 좋아요.

1 Write the correct Hanja for each part in the picture below.

① 耳   ② 目   ③ 口   ④ 鼻

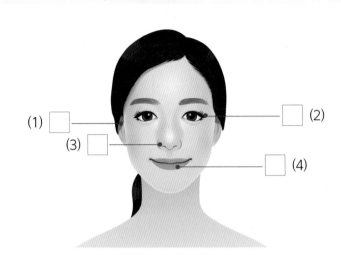

(1) ☐   ☐ (2)

(3) ☐

☐ (4)

2 Fill in the blanks with the correct Hanja from the box below.

① 骨   ② 心   ③ 手   ④ 身   ⑤ 足   ⑥ 肉

(1) 손과 발 (☐☐)   (2) 마음과 몸 (☐☐)

3 Match the Hanja with the correct meaning and sound.

〈글자〉	〈뜻〉	〈소리〉
(1) 齒 ·	· ㉮ 살 ·	· ㉠ 골
(2) 肉 ·	· ㉯ 이 ·	· ㉡ 치
(3) 血 ·	· ㉰ 뼈 ·	· ㉢ 혈
(4) 骨 ·	· ㉱ 피 ·	· ㉣ 육

耳 (귀 이)	一 T T F F 王 耳					
	부수 耳 총 6획	耳	耳			
目 (눈 목)	丨 冂 冃 月 目					
	부수 目 총 5획	目	目			
口 (입 구)	丨 冂 口					
	부수 口 총 3획	口	口			
鼻 (코 비)	′ ′ 冂 白 白 白 白 鳥 鳥 鳥 畠 畠 鼻 鼻					
	부수 鼻 총 14획	鼻	鼻			
手 (손 수)	′ 二 三 手					
	부수 手 총 4획	手	手			
足 (발 족)	丨 冂 口 タ 尸 足 足					
	부수 足 총 7획	足	足			
齒 (이 치)	丨 卜 止 步 步 步 歩 齒 齒 齒 齒 齒 齒					
	부수 齒 총 15획	齒	齒			
血 (피 혈)	′ ′ 白 血 血 血					
	부수 血 총 6획	血	血			
骨 (뼈 골)	丨 冂 冃 円 冎 咼 骨 骨 骨 骨					
	부수 骨 총 10획	骨	骨			
肉 (고기 육)	丨 冂 内 内 肉 肉					
	부수 肉 총 6획	肉	肉			
心 (마음 심)	′ 心 心 心					
	부수 心 총 4획	心	心			
身 (몸 신)	′ ′ 介 自 自 身 身					
	부수 身 총 7획	身	身			

색깔과 사물

What's your favorite color? Talk about the colors you like.

TODAY'S HANJA

色 색 색	赤 붉다 적	黃 누렇다 황
青 푸르다 청	綠 초록 록/녹	黑 검다 흑
白 희다 백	物 물건 물	衣 옷 의
車 차 차	刀 칼 도	

⭐ **Color** 색깔

色
색 색
color

ノ ク ク ク 负 色

- 황색 黄色 the color yellow
- 염색 染色 dyeing

염색

赤
붉다 적
red

一 十 土 卢 芐 赤 赤

- 적십자 赤十字 red cross
- 적외선 赤外線 infrared rays
- 적자 赤字 red figures, a loss

적십자

黄
누렇다 황
yellow

一 十 廿 甘 甘 苎 苎 苗

黄 黄 黄 黄

- 황사 黄砂 yellow dust
- 황금 黄金 gold
- 황혼 黄昏 dusk

황사

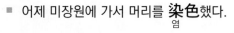

- 어제 미장원에 가서 머리를 **染色**했다.
  염

- **黄砂**가 부니까 밖에 나가지 마세요.
  사

靑
푸르다 청
blue

一 二 キ 主 主 青 青 青

- 청와대 靑瓦臺 Cheongwadae(the Blue House)
- 청소년 靑少年 young boys and girls

청와대

綠
초록 록/녹
green

ㄴ ㄠ ㄠ 幺 糸 糸 糸 紗 紗 紗
紗 紗 綠 綠 綠

- 녹차 綠茶 green tea
- 초록색 草綠色 the color green

녹차

黑
검다 흑
black

丶 冂 冂 冈 四 四 甲 里 里
黑 黑 黑

- 흑백 黑白 black and white
- 흑심 黑心 a black heart, evil intentions

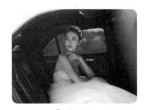
흑백 사진

白
희다 백
white

丿 亻 冂 白 白

- 백조 白鳥 a swan
- 백포도주 白葡萄酒 white wine

백조

📖 LET'S READ

Track 038

- 밥을 먹고 따뜻한 **綠茶**를 마셔요.
  차

- 생선을 먹을 때는 **白葡萄酒**가 좋아요.
  포 도 주

物
물건 물
things

丶 丷 牛 牛 牛 物 物 物

- 박물관 博物館 a museum
- 식물 植物 a plant
- 물건 物件 a thing, goods

식물

衣
옷 의
clothes

丶 亠 宀 宁 方 衣 衣

- 상의 上衣 a top
- 탈의실 脱衣室 a dressing (changing) room
- 의류 衣類 clothing

의류

車
차 차
a car

一 厂 闩 百 百 亘 車

- 자동차 自動車 a car
- 주차장 駐車場 a parking lot

주차장

刀
칼 도
a knife

丁 刀

- 과도 果刀 a fruit knife
- 죽도 竹刀 a bamboo sword

죽도

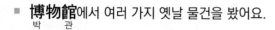

📖 LET'S READ

Track 040

- **博物館**에서 여러 가지 옛날 물건을 봤어요.
  박   관

- 여성 **衣類**는 3층에 있습니다.
        류

- 지하 **駐車場**에 차를 세웠어요.
      주   장

1 **Write the correct Hanja for each color.**

① 赤   ② 黃   ③ 綠   ④ 黑   ⑤ 靑   ⑥ 白

	색깔	한자		색깔	한자
(1)			(4)		
(2)			(5)		
(3)			(6)		

2 **Match each Hanja with its meaning and correct reading.**

(1) 衣 ·   · ㉮ 물건 ·   · ㉠ 물

(2) 刀 ·   · ㉯ 색 ·   · ㉡ 도

(3) 車 ·   · ㉰ 옷 ·   · ㉢ 차

(4) 物 ·   · ㉱ 차 ·   · ㉣ 색

(5) 色 ·   · ㉲ 칼 ·   · ㉤ 의

色 색 색	ノ ク ク 各 各 色					
	부수 色 총 6획	色	色			
赤 붉다 적	一 十 土 キ 方 赤 赤					
	부수 赤 총 7획	赤	赤			
黃 누렇다 황	一 十 丗 丗 丗 芒 芒 芇 苗 黃 黃 黃					
	부수 黃 총 12획	黃	黃			
靑 푸르다 청	一 二 キ 主 青 青 青 青					
	부수 靑 총 8획	靑	靑			
綠 초록 록/녹	ノ ノ 幺 糸 糸 糸 糸 紒 紒 緑 緑 緑 緑 綠					
	부수 糸 총 14획	綠	綠			
黑 검다 흑	丶 冂 冂 曱 曱 匣 里 里 黑 黑 黑					
	부수 黑 총 12획	黑	黑			
白 희다 백	ノ ノ 白 白 白					
	부수 白 총 5획	白	白			
物 물건 물	ノ ノ 丬 牛 牛 牡 物 物					
	부수 牛 총 8획	物	物			
衣 옷 의	丶 一 ㅗ ㅠ 产 衣					
	부수 衣 총 6획	衣	衣			
車 차 차	一 ㄏ 曰 币 百 亘 車					
	부수 車 총 7획	車	車			
刀 칼 도	ㄱ 刀					
	부수 刀 총 2획	刀	刀			

계절과 날씨

> GETTING STARTED

What are some changes at the turn of a season? How does the weather change in each season in Korea?

☑ TODAY'S HANJA

春 봄 춘	夏 여름 하	秋 가을 추
冬 겨울 동	風 바람 풍	雨 비 우
雲 구름 운	雪 눈 설	冷 차다 랭/냉
溫 따뜻하다 온		

⭐ **Seasons** 계절

Track 041

春
봄 춘
spring

一 二 三 声 夫 夫 春 春 春

- 청춘 青春 youth, the springtime of life
- 춘몽 春夢 spring dreams
- 춘곤증 春困症 spring fatigue

청춘

夏
여름 하
summer

一 一 一 一 一 百 百 頁 頁 夏 夏

- 하계 夏季 the summer season
- 하복 夏服 summer clothes
- 하지 夏至 the summer solstice

하복

秋
가을 추
fall, autumn

一 二 千 禾 禾 禾 利 秋 秋

- 추석 秋夕 the harvest festival
- 춘추 春秋 spring and autumn, age(honorific)
- 춘추복 春秋服 spring and autumn wear

추석

冬
겨울 동
winter

丿 夂 夂 冬 冬

- 동지 冬至 the winter solstice
- 동면 冬眠 hibernation

동지 팥죽

📖 LET'S READ

Track 042

- 한국은 **春夏秋冬** 사계절의 변화가 아름답습니다.

- 학교 교복은 **春秋服, 夏服, 冬服** 세 가지를 준비해야 합니다.
  복　　　복　　복

- 올해는 **秋夕**이 언제예요?
  석

風
바람 풍
wind

丿 几 凡 凡 凤 凮 風 風 風

- 선풍기 扇風機 an electric fan
- 풍차 風車 a windmill
- 태풍 颱風 a typhoon

풍차

雨
비 우
rain

一 一 一 一 而 雨 雨 雨

- 우산 雨傘 an umbrella
- 우기 雨期 the rainy season
- 폭우 暴雨 heavy rain

우산

雲
구름 운
the clouds

一 一 一 一 雨 雨 雨 雨 雲 雲
雲 雲

- 백운 白雲 white clouds
- 운해 雲海 a sea of clouds

운해

雪
눈 설
snow

一 一 一 一 雨 雨 雨 雨 雪 雪
雪 雪

- 백설 白雪 white snow
- 설악산 雪嶽山 Seoraksan Mountain
- 대설 大雪 a heavy snow

대설

📖 **LET'S READ**

Track 044

■ 颱風이 심해서 雨傘이 날아갔어요.
　태　　　　　　산

■ 雪嶽山에 올라가서 雲海를 바라보았습니다.
　　악

冷

` ⼎ ⼎ ⼎ 冷 冷 冷 冷

차다 랭/냉
to be cold

- 냉장고 **冷藏庫** a refrigerator
- 냉수 **冷水** cold water
- 냉동실 **冷凍室** a freezing compartment

냉장고

 Originally, 冷 is read [랭] and written "랭."

When 冷 is used as the first letter, it is read [냉] and written "냉."

溫

` ⼎ ⼎ ⼎ ⼎ 沪 沪 沪 沪 泗
泗 溫 溫 溫

따뜻하다 온
to be warm

- 온수 **溫水** hot water
- 온도계 **溫度計** a thermometer
- 체온 **體溫** body temperature

온도계

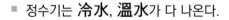 **LET'S READ**

Track 046

- 정수기는 **冷水**, **溫水**가 다 나온다.

- **冷凍室** 안의 **溫度**는 몇 도가 될까?
  동 실   도

1 Look at the pictures and fill in the blanks with the correct Hanja.

① 風　　　　② 雪　　　　③ 雲　　　　④ 雨

(1) 　(2) 　(3) 　(4)

(　　　　)　　(　　　　)　　(　　　　)　　(　　　　)

2 The following descriptions are of the four seasons in Korea. Read the descriptions and fill in the blanks with the correct Hanja.

① 春　　　　② 夏　　　　③ 秋　　　　④ 冬

(1) 날씨가 아주 춥습니다. 찬바람이 불고 눈이 옵니다. (　　　　)

(2) 추운 날씨가 따뜻해집니다. 초록색 나뭇잎이 나고 꽃이 피기 시작합니다. (　　　　)

(3) 너무 더워서 시원한 산이나 바다에 갑니다. (　　　　)

(4) 더위가 약해지고 시원한 바람이 불기 시작하며 산에는 빨갛고 노란 단풍이 듭니다. (　　　　)

3 Talk about the following questions with your friends.

(1) 春夏秋冬 사계절 중에서 어느 계절을 가장 좋아합니까?

(2) 밥을 먹을 때 冷水를 마십니까, 溫水를 마십니까?

春 봄 춘	一 二 三 声 夫 未 春 春 春						
	부수 日 총 9획	春	春				
夏 여름 하	一 一 一 一 一 一 百 百 百 夏 夏						
	부수 夊 총 10획	夏	夏				
秋 가을 추	一 二 千 壬 禾 禾 秒 秋 秋						
	부수 禾 총 9획	秋	秋				
冬 겨울 동	丿 夕 夂 冬 冬						
	부수 冫 총 5획	冬	冬				
風 바람 풍	丿 几 几 凡 凡 同 風 風 風						
	부수 風 총 9획	風	風				
雨 비 우	一 一 一 一 雨 雨 雨 雨						
	부수 雨 총 8획	雨	雨				
雲 구름 운	一 一 一 雨 雨 雪 雪 雪 雲 雲 雲 雲						
	부수 雨 총 12획	雲	雲				
雪 눈 설	一 一 一 雨 雨 雨 雪 雪 雪 雪 雪						
	부수 雨 총 11획	雪	雪				
冷 차다 랭/냉	丶 丬 丬 丬 汁 汁 冷 冷						
	부수 冫 총 7획	冷	冷				
溫 따뜻하다 온	丶 丬 丬 氵 汨 汨 泗 泗 泗 溫 溫 溫 溫						
	부수 氵(水) 총 13획	溫	溫				

09 동물과 식물

GETTING STARTED

Talk about your favorite animals, trees, flowers, etc.

TODAY'S HANJA

動 움직이다 동	牛 소 우	馬 말 마
鳥 새 조	魚 물고기 어	貝 조개 패
花 꽃 화	草 풀 초	果 열매 과
竹 대나무 죽		

⭐ **Animals** 동물

Track 047

動
움직이다 동
to move

ノ 二 仨 仨 育 盲 重 重 動 動

- 행동 行動 an action
- 동물 動物 an animal, a (living) creature
- 동사 動詞 a verb

동물

牛
소 우
a cow

ノ ノ 二 牛

- 우유 牛乳 milk
- 한우 韓牛 Korean beef cattle

우유

馬
말 마
a horse

丨 厂 厂 F E 馬 馬 馬 馬 馬

- 경마 競馬 a horse race
- 마차 馬車 a carriage

마차

鳥
새 조
a bird

´ 亻 户 户 户 自 烏 鳥 鳥 鳥 鳥

- 조류 鳥類 birds
- 백조 白鳥 a swan

백조

📖 LET'S READ

Track 048

■ **動物園**에 가서 여러 가지 동물을 봤다.
　　원

■ 옛날에는 **馬車**를 타고 다녔다.

■ 데이트도 하고 한국어도 배울 수 있으니 **一石二鳥***이다.

*일석이조 : Catching two birds with one stone. Serving a double purpose.

魚
물고기 어
fish

ノ ク 々 角 角 魚 魚 魚 魚 魚 魚

- 연어 鰱魚 a salmon
- 인어 人魚 a mermaid/merman

연어

貝
조개 패
shell

丨 冂 冃 目 貝 貝

- 어패류 魚貝類 fish and shell
- 패물 貝物 jewelry

어패류

⭐ Plants 식물

花
꽃 화
flower

ノ 十 十 サ ガ 芘 花 花

- 화분 花盆 a flowerpot
- 국화 國花 a national flower
- 조화 造花 an artificial flower

화분

草
풀 초
grass, plant

丶 十 十 サ ガ 节 苩 苩 苩 草 草

- 초록 草綠 green
- 화초 花草 flowering plants
- 초가 草家 a straw roofed house

초가집

📖 **LET'S READ**

Track 050

- 고기 대신 **魚貝類**를 먹으면 다이어트에 좋다.
  류

- 조선 시대 시골에는 **草家**집이 많았다.
  가

果
열매 과
fruit

丶 冂 口 日 旦 甲 果 果

- 과수원 果樹園 a fruit farm
- 과도 果刀 a fruit knife
- 결과 結果 a result

과수원

竹
대나무 죽
bamboo

丿 丿 丿 ⺮ ⺮ ⺮ 竹

- 죽림 竹林 a bamboo grove
- 죽도 竹刀 a bamboo sword
- 죽부인* 竹夫人 a Dutch wife

죽부인

* It is a large pillow made of bamboo and used in the summer to help you sleep when it gets too hot.

📖 LET'S READ

Track 051

- 우리 집은 **果樹園**을 하기 때문에 과일을 많이 먹을 수 있다.
  　　　　수 원
- 여름에 시원하게 **竹夫人**을 안고 잔다.
  　　　　　　부

1 Choose the correct Hanja for each picture.

①果 ②花 ③木 ④牛 ⑤馬 ⑥魚 ⑦貝 ⑧鳥 ⑨竹

(1)

(   )

(2)

(   )

(3)

(   )

(4)

(   )

(5)

(   )

(6)

(   )

(7)

(   )

(8)

(   )

(9)

(   )

2 Match the Hanja with the correct sound.

(1) 草 ・   ・ ㉮ 동

(2) 貝 ・   ・ ㉯ 초

(3) 動 ・   ・ ㉰ 화

(4) 花 ・   ・ ㉱ 조

(5) 鳥 ・   ・ ㉲ 패

動 움직이다 동	´ 二 仁 舌 盲 重 重 動 動 부수 力 총 11획	動	動				
牛 소 우	´ 二 二 牛 부수 牛 총 4획	牛	牛				
馬 말 마	l 厂 厂 F 匡 馬 馬 馬 馬 馬 부수 馬 총 10획	馬	馬				
鳥 새 조	´ 亻 亻 户 户 自 鳥 鳥 鳥 鳥 鳥 부수 鳥 총 11획	鳥	鳥				
魚 물고기 어	´ ク ク 夕 夕 角 角 魚 魚 魚 魚 부수 魚 총 11획	魚	魚				
貝 조개 패	l 冂 冂 月 目 貝 貝 부수 貝 총 7획	貝	貝				
花 꽃 화	` ┼ ㄠ 艹 艾 花 花 花 부수 艹 (艸) 총 8획	花	花				
草 풀 초	` ┼ ㄠ 艹 艾 芍 芑 苩 草 草 부수 艹 (艸) 총 10획	草	草				
果 열매 과	l 冂 冂 日 旦 甲 果 果 부수 木 총 8획	果	果				
竹 대나무 죽	´ 亠 亇 个 竹 竹 부수 竹 총 6획	竹	竹				

10

가족

GETTING STARTED

Let's learn the words about families.

✓ TODAY'S HANJA

家 집 가	族 겨레 족	父 아버지 부
母 어머니 모	子 아들 자	女 여자 녀/여
祖 할아버지 조	孫 손자 손	兄 형 형
弟 아우 제	好 좋다 호	男 사내 남

⭐ **Family** 가족

家
집 가
a house/home

`丶 丷 宀 宀 宁 宁 宇 家 家 家`

- 가정 家庭 a home, a family
- 가구 家具 furniture
- 국가 國家 a state, a nation

가구

族
겨레 족
offspring of the same forefather

`丶 亠 亍 方 方 方 扩 扩 族`
`族 族`

- 가족 家族 a family
- 민족 民族 a race, a nation

가족

父
아버지 부
a father

`丶 丷 八 父`

- 부모 父母 parents
- 가부장적 家父長的 paternalism
- 부자 父子 father and son

부자

母
어머니 모
a mother

`乚 口 囚 母 母`

- 모성애 母性愛 maternal love
- 이모 姨母 a maternal aunt

모성애

- 우리 **家族**은 모두 네 명이다.

- 우리 **父母**님은 항상 나를 위해 기도하신다.

- 어머니는 강한 **母性愛**로 자식을 돌보신다.
  성 애

子
아들 자
a son

ㄱ 了 子

- 자식 子息 one's children, offspring
- 모자 母子 mother and son

모자

女
여자 녀/여
a woman

く 女 女

- 자녀 子女 one's children, son and daughter
- 여자 女子 a woman

여자

 Originally, **女** is read [녀] and written "녀."

When **女** is used as the first letter, it is read [여] and written "여."

祖
할아버지 조
a grandfather

ㄱ 二 亍 示 示 礻 初 袒 袒 祖

- 조상 祖上 an ancestor
- 조부모 祖父母 grandparents

조부모

孫
손자 손
a grandchild

ㄱ 了 孑 孑 孑 孫 孫 孫 孫 孫

- 손자 孫子 a grandson
- 손녀 孫女 a granddaughter
- 자손 子孫 posterity

할머니와 손녀

📖 LET'S READ

Track 054

- **子女**가 몇 명이에요?

- 시골에 **祖父母**님께서 살고 계신다.

- 그 할아버지는 **孫子**가 세 명이라고 하셨다.

兄
형 형
an elder brother

ノ 口 口 尸 兄

- 형 兄 an elder brother
- 형수 兄嫂 the wife of one's elder brother, sister-in-law
- 형부 兄夫 the husband of one's elder sister, brother-in-law

형

弟
아우 제
a younger brother

ヽ ゛ ゛ 当 肖 弟 弟

- 형제 兄弟 brothers
- 처제 妻弟 a younger sister of one's wife, sister-in-law

형제

★ 女 + 子 = 好

Track 055

好
좋다 호
to like

く 夕 女 女 好 好

- 기호 嗜好 taste
- 호감 好感 a good feeling
- 호기심 好奇心 curiosity

호감

★ Man (Male) 남자

Track 056

男
사내 남
a man

ノ 口 曰 田 田 甲 男

- 남자 男子 a man
- 남편 男便 a husband
- 남성적 男性的 masculine

남자

📖 LET'S READ

Track 057

- 나는 三兄弟 중의 막내이다.

- 나는 그 사람이 친절하고 멋있어서 好感을 느끼고 있다.
  　　　　　　　　　　　　　　　　　　　감

- 男便의 선물을 사기 위해 백화점에 갔다.
  편

1 **Look at the pictures of family members and write the correct Hanja from the box below.**

① 父   ② 母   ③ 祖父   ④ 祖母   ⑤ 兄   ⑥ 弟

(1) _____   (2) _____

(3) _____   (4) _____

(5) _____   (6) _____

2 **Fill in the blanks with the correct Hanja.**

② 父			③ 孫	④
①	女			女
			⑤ 感	
⑥	母		奇	
父			心	

〈가로〉 ① 어머니와 딸

③ 아들의 아들

⑤ 좋은 감정

⑥ 할머니

〈세로〉 ② 아버지와 어머니

④ 아들과 딸, 자식

⑤ 알고 싶은 마음

⑥ 할아버지

家 집 가	丶 丶 宀 宀 宀 宁 宇 宯 家 家						
	부수 宀 총 10획	家	家				

族 겨레 족	丶 亠 ゟ 方 方 扩 斿 斿 族 族						
	부수 方 총 11획	族	族				

父 아버지 부	丶 丷 父 父						
	부수 父 총 4획	父	父				

母 어머니 모	乚 口 口 母 母						
	부수 母 총 5획	母	母				

子 아들 자	乛 了 子						
	부수 子 총 3획	子	子				

女 여자 녀/여	乚 女 女						
	부수 女 총 3획	女	女				

祖 할아버지 조	一 二 亍 亓 示 礻 和 刋 祖 祖						
	부수 示 총 10획	祖	祖				

孫 손자 손	乛 了 孑 孑 孑 孫 孫 孫 孫 孫						
	부수 子 총 10획	孫	孫				

兄 형 형	丶 冂 口 尸 兄						
	부수 儿 총 5획	兄	兄				

弟 아우 제	丶 丷 肖 半 肖 弟 弟						
	부수 弓 총 7획	弟	弟				

好 좋다 호	乚 女 女 女 奵 好						
	부수 女 총 6획	好	好				

男 사내 남	丶 口 日 田 田 男 男						
	부수 田 총 7획	男	男				

11

학교

Let's learn some words related to school.

TODAY'S HANJA

學 배우다 학	校 학교 교	教 가르치다 교
室 방 실	先 먼저 선	生 나다 생
問 묻다 문	答 대답 답	文 글월 문
法 법 법	事 일 사	

⭐ **School** 학교

學
배우다 학
to learn

` ´ ˊ F F F´ Fˊ 彤 段 段ㄱ 段ㅋ
彤 彤 彤 與 學 學 學

- 학년 學年 a grade
- 견학 見學 a field trip
- 방학 放學 a vacation

견학

校
학교 교
a school

一 十 オ 木 木´ 杧 杧 杧 校 校

- 대학교 大學校 a university
- 등교 登校 attending school
- 교문 校門 a school gate

교문

教
가르치다 교
to teach

ノ メ ㄨ 孝 耂 孝 孝 教 教 教 教

- 교육 教育 education
- 교사 教師 a teacher
- 교과서 教科書 a textbook

교과서

室
방 실
a room

` ´ 宀 宀 宀 宓 空 宰 室

- 화장실 化粧室 a restroom
- 실내 室內 the inside of a room
- 침실 寢室 a bedroom

침실

- **學校**에서 한자 공부를 합니다.

- 학교 **校門** 앞에서 만날까요?
  문

- 아침에 일찍 왔는데 **教室**에 아무도 없네요.

先

ノ ⺧ ⺧ 生 步 先

먼저 선
before, ahead

- 선배 先輩 a senior
- 선불 先拂 payment in advance
- 선생 先生 a teacher

선생님

生

ノ ⺧ ⺧ 生 生

나다 생
to bear, to be born

- 학생 學生 a student
- 생일 生日 a birthday
- 생사 生死 life and death

학생

⭐ **Study** 공부

Track 060

問

丨 冂 冂 冃 冃 門 門 門 門 問 問

묻다 문
to ask

- 문제 問題 a question, a problem
- 질문 質問 a question
- 문답 問答 question and answer

질문

答

ノ ⺮ ⺮ 竹 ⺮ 竺 竺 笂 笂
笅 笅 答

대답 답
an answer

- 대답 對答 an answer, a reply
- 답장 答狀 a reply letter
- 정답 正答 a correct answer

정답

📖 **LET'S READ**

Track 061

- **先生**님께서 **質問**을 하셨습니다.
  질

- 길을 묻는 사람에게 **對答**을 해 줬습니다.
  대

- 발표가 끝나고 **問答**을 할 수 있는 시간이 있습니다.

文
글월 문
writings

`丶 一 ナ 文`

- 작문 作文 a composition, writings
- 문장 文章 a sentence
- 문화 文化 culture

작문

法
법 법
the law

`丶 丶 氵 氵 汁 汁 法 法`

- 법대 法大 a college of law
- 문법 文法 grammar
- 법원 法院 a court of law

법원

事
일 사
work, a matter

`一 丆 匚 日 彐 彐 事`

- 사무실 事務室 an office
- 교통사고 交通事故 a traffic accident

사무실

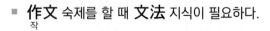

LET'S READ

Track 062

- **作文** 숙제를 할 때 **文法** 지식이 필요하다.
  작

- 도움이 필요한 일이 있으면 **事務室**에 물어보세요.
  무

LET'S PRACTICE

1 **Match each Hanja with the correct meaning and sound.**

〈글자〉	〈뜻〉	〈소리〉
(1) 法 •	• ㉮ 대답 •	• ㉠ 문
(2) 問 •	• ㉯ 묻다 •	• ㉡ 답
(3) 答 •	• ㉰ 글월 •	• ㉢ 법
(4) 文 •	• ㉱ 법월 •	• ㉣ 문

2 **Match the picture with the correct Hanja.**

① 先 　　② 教 　　③ 生 　　④ 學 　　⑤ 室 　　⑥ 事

(1) ☐☐

(2) ☐☐

(3) ☐☐

3 **Talk about the following questions with your friends.**

(1) 學校에서 무엇을 합니까?

(2) 여러분 先生님의 성함은 무엇입니까?

(3) 教室에 가면 누구를 만날 수 있습니까?

☆ Practice the Hanja you learned today.

學 배우다 학	ノ ｨ ｨ ｨ ｨ ｨ ｨ ｨ ｨ ｨ ｨ 與 學 學 學 부수 子 총 16획	學　學
校 학교 교	一 十 才 木 杧 杧 栌 栌 校 부수 木 총 10획	校　校
敎 가르치다 교	ノ ㄨ ㄠ ㄠ ㄠ �艻 ㄠ 孝 孝 教 教 부수 攵 총 11획	敎　敎
室 방 실	丶 丷 宀 宀 宁 宏 宏 室 室 부수 宀 총 9획	室　室
先 먼저 선	ノ ㅗ 屮 牛 生 先 부수 儿 총 6획	先　先
生 나다 생	ノ ㅗ ㄷ 牛 生 부수 生 총 5획	生　生
問 묻다 문	丨 冂 冂 冂 門 門 門 門 門 問 問 부수 口 총 11획	問　問
答 대답 답	ノ ㅅ ㅆ ㅆ 竹 竹 竻 竻 笒 笒 答 答 부수 口 총 12획	答　答
文 글월 문	丶 一 ナ 文 부수 文 총 4획	文　文
法 법 법	丶 丶 氵 氵 汁 法 法 法 부수 氵(水) 총 8획	法　法
事 일 사	一 ㄱ 冂 百 写 写 写 事 부수 亅 총 8획	事　事

12 시간

GETTING STARTED

Talk about things that change over time.

📅 TODAY'S HANJA

過 지나다 과
在 있다 재
朝 아침 조
夜 밤 야

去 가다 거
未 아니다 미
夕 저녁 석

現 지금 현
來 오다 래/내
晝 낮 주

LET'S LEARN

⭐ Time 시간

Track 063

過
지나다 과
to pass

一 冂 冃 冎 咼 咼 咼 咼
咼 咼 咼 過

- 통과 通過 passing
- 과음 過飲 excessive drinking
- 과식 過食 overeating

🔍 過 is also used as a meaning of "too much."

통과

去
가다 거
to go

一 十 土 去 去

- 과거 過去 the past, time past
- 수거 收去 removal

쓰레기 분리수거

現
지금 현
now

一 二 干 王 王 刌 珇 珇 珇 珇
珇 現

- 현대 現代 the present day, modern
- 현실 現實 reality, actuality
- 현금 現金 cash

현금 인출기

在
있다 재
to be, exist

一 ナ 才 才 在 在

- 현재 現在 now, the present
- 재실 在室 to be in one's room

현재 상영 영화

📖 LET'S READ

Track 064

- **過去**의 좋지 않은 습관을 버려야 합니다.

- **現在** 서울대에 다니고 있습니다.

未
아니다 미
to be not, no

一 二 キ 牛 未

• 미혼 未婚 unmarried
• 미래 未來 future

미래 자동차

來
오다 래/내
to come

一 厂 厃 厼 來 來 來 來

• 내일 來日 tomorrow
• 거래 去來 a deal, trade

🔍 Originally, **來** is read [래] and written "래."
When **來** is used as the first letter, it is read [내]
and written "내."

증권 거래

⭐ **Day** 하루

Track 066

朝
아침 조
morning

一 十 十 古 古 古 直 卓 朝
朝 朝 朝

• 조식 朝食 breakfast
• 조선 朝鮮 Joseon, Korea

조식 뷔페

夕
저녁 석
evening

ノ ク 夕

• 석식 夕食 supper
• 석양 夕陽 the evening sun
• 추석 秋夕 Chuseok, the harvest[moon] festival (on
the 15th of August by the lunar calendar)

석양

📖 **LET'S READ**

Track 067

■ **未來** 사회에서는 로봇이 사람 대신 일을 할 것이다.

■ **朝食**은 한식을, **夕食**은 양식을 드리겠습니다.
　식　　　　　식

晝
낮 **주**
day time

ㄱ ㄱ ㅋ ㅋ 쿡 聿 晝 書 書
書 書 晝

- 주간 晝間　the day time
- 주야 晝夜　day and night

주야

夜
밤 **야**
night

丶 亠 广 广 产 夜 夜 夜

- 야간 夜間　night, night time
- 야경 夜景　a night view
- 야식 夜食　a late snack, a midnight meal

야경

📖 **LET'S READ**

Track 068

- 한국어를 잘하려고 **晝夜**로 노력하고 있다.

- 놀이공원을 **夜間**에도 이용할 수 있다.

1 **Fill in the blanks with the correct Hanja.**

① 朝   ② 夕   ③ 晝   ④ 夜

(1) 회사 일 마치고 저녁 6시에 만납시다.

➡ 언제 만납니까? (   )

(2) 와! 오늘 아침 정말 날씨가 좋았지요?

➡ 언제 날씨가 좋았습니까? (   )

(3) 밤 11시 정도까지 일해야 끝낼 수 있어요.

➡ 언제까지 일합니까? (   )

(4) 일을 낮 동안에 끝내야 해요. 밤에는 보이지 않아서 안 돼요.

➡ 언제까지 일해야 합니까? (   )

2 **Talk about the following questions with your friends.**

(1) 過去에 나쁜 습관이 있었습니까?

(2) 未來를 위해서 어떤 준비를 합니까?

(3) 現在 뭐가 가장 하고 싶습니까?

(4) 未來 사회에서 인간의 생활이 어떻게 달라질 것 같습니까?

(5) 現在 가장 가고 싶은 곳은 어디입니까?

(6) 過去의 역사에서 무엇을 배웁니까?

過 지나다 과	㇐ ㄇ ㄇ ㄟ ㄟ ㄟ 丹 咼 咼 渦 渦 過 過						
	부수 辶 (辵) 총 13획	過	過				
去 가다 거	㇐ ㄝ 土 去 去						
	부수 厶 총 5획	去	去				
現 지금 현	㇐ ㇐ ㇐ 王 玎 玎 玑 玑 珇 現 現						
	부수 王 (玉) 총 11획	現	現				
在 있다 재	㇐ ナ オ 右 在 在						
	부수 土 총 6획	在	在				
未 아니다 미	㇐ ㇐ 十 才 未						
	부수 木 총 5획	未	未				
來 오다 래/내	㇐ ㇐ ㇐ 切 双 夾 來 來						
	부수 人 총 8획	來	來				
朝 아침 조	㇐ 十 古 古 古 直 卓 車 朝 朝 朝						
	부수 月 총 12획	朝	朝				
夕 저녁 석	ノ ク 夕						
	부수 夕 총 3획	夕	夕				
晝 낮 주	㇀ ㄱ ㅋ ㅋ 聿 聿 書 書 書 晝 晝						
	부수 日 총 11획	晝	晝				
夜 밤 야	丶 ㇐ 广 广 疒 夜 夜 夜						
	부수 夕 총 8획	夜	夜				

INTERMEDIATE

人生

GETTING STARTED

Talk about things a person does throughout one's life.

☑ TODAY'S HANJA

生 나다 생	老 늙다 로/노	病 병들다 병
死 죽다 사	結 맺다 결	婚 결혼하다 혼
愛 사랑 애	情 뜻 정	式 법 식
親 친하다 친		

LET'S LEARN

● Let's see how the word 生老病死(생로병사) is made up.

Track 069

生

나다, 살다 생
to be born, to live

生 + 日   ➡   生日 생일 birthday

人 + 生   ➡   人生 인생 life

老

늙다 로/노
to get old

老 + 人   ➡   老人 노인 an old person
* When 老 is used as the first letter, it is read [노].

養 + 老 + 院   ➡   養老院 양로원 a home for senior citizens

病

병, 병들다 병
illness, to get sick

病 + 院   ➡   病院 병원 hospital

心臟 + 病   ➡   心臟病 심장병 heart disease

死

죽다 사
to die

死 + 亡   ➡   死亡 사망 death, decease

死 + 刑   ➡   死刑 사형 death penalty

生   老   病   死

➡   生老病死
생로병사

태어나서 늙고, 병들고 죽는 사람의 일생
To be born, to get old, to get sick, and to die.
(The phrase describes a person experiences during one's life.)

More Hanja

養 기르다 양 | 院 집 원 | 臟 내장 장 | 亡 죽다 망 | 刑 형벌 형

★ Let's see how the word 結婚(결혼) is made up.

Track 070

 + **→** 結婚

맷다 결
to tie, to knot

결혼하다 혼
to get married

결혼
wedding, marriage

- 結果 결과 a result
- 結末 결말 an end, conclusion
- 結合 결합 union, bond

- 約婚 약혼 engagement
- 新婚旅行 신혼여행 honeymoon
- 未婚 미혼 single, unmarried

⊕ Let's find more words that have **結** or **婚** in them.

★ Let's see how the word 愛情(애정) is made up.

Track 071

 +  **→**

사랑, 사랑하다 애
love, to love

뜻, 마음 정
idea, thought, mind

애정
affection, love

- 愛人 애인 a lover, a boy(girl)friend
- 愛玩動物 애완동물 a pet
- 戀愛 연애 to be in love, romance

- 人情 인정 sympathy, compassion
- 友情 우정 friendship
- 情報 정보 information

⊕ Let's find more words that have **愛** or **情** in them.

More Hanja

末 끝 말 | 合 합하다 합 | 約 약속하다 약 | 新 새롭다 신 | 旅 여행하다 려/여 | 行 다니다 행 |
玩 놀다 완 | 戀 사모하다 련/연 | 友 친구 우 | 報 알리다 보

● People go through many things in life. 式(식) is used to describe special ceremonies.

入學 입학
卒業 졸업
結婚 결혼
葬禮 장례

+

式
법 식
ceremony

➡ 入學式 입학식 an entrance ceremony
➡ 卒業式 졸업식 a graduation ceremony
➡ 結婚式 결혼식 a wedding ceremony
➡ 葬禮式 장례식 a funeral service (ceremony)

🔍 Let's find more words that have 式 in them.

● Let's learn words that have 親(친) in them.

Track 073

親
친하다 친
to be close, to be intimate

+

切 정성스럽다 절
舊 오래, 옛날 구

➡ 親切 친절 kindness
　　정답고 정성스러움

➡ 親舊 친구 a friend
　　오래 두고 가까이 사귄 벗

 • 한국인들은 처음 보는 외국인에게도 **親切**하게 대합니다.
　　　• 언제, 어디서나 항상 기억나는 **親舊**가 있습니까?

More Hanja

卒 마치다 졸 | 業 일 업 | 葬 장사 지내다 장 | 禮 예절 례/예 | 切 정성스럽다 절 | 舊 오래, 옛날 구

LET'S PRACTICE

1 **Fill in the blanks with the correct Hanja.**

① 生 　　　 ② 老 　　　 ③ 病 　　　 ④ 死

(1) 예쁜 우리 아기, 이 세상에 태어난 것을 축하한다! 　　(　　)

(2) 저는 행복하게 살다 이 세상을 떠납니다. 　　(　　)

(3) 건강이 안 좋아서 병원에 입원해야겠어요. 　　(　　)

(4) 나이 들고 늙어서 일하는 것이 젊었을 때와 같지 않아. 　(　　)

2 **Talk about your life's events with your friends.**

(1) 生日 _____

(2) 入學式 _____

(3) 卒業式 _____

(4) 結婚式 _____

(5) 葬禮式 _____

3 **Let's read the following parapraph.**

사람의 (1)一生을 (2)生老病死의 삶이라고 말하기도 합니다. (3)出生해서 살다가 늙어 (4)老人이 되고 때로는 (5)病이 들어 아픔을 경험하다 (6)死亡하면 (7)人生이 끝나는 것이라고 생각하는 것입니다. 그렇게 생각하면 (8)人生이 너무 슬프게 생각됩니다. 하지만 우리는 살면서 많은 사람들과 따뜻한 (9)情과 (10)親切한 마음을 나눌 수 있다는 것도 기억해야 합니다. (11)愛人과 나누는 (12)愛情뿐만 아니라 (13)親舊와 나누는 (14)友情, 그리고 모르는 사람들이 베풀어 준 (15)親切함 때문에 우리 (16)人生은 더 아름다운 모습이 될 수 있습니다.

生	ノ ケ 仁 牛 生							
나다 생	부수 生 총 5획	生	生					

老	一 十 土 耂 老 老							
늙다 로/노	부수 老 총 6획	老	老					

病	、 二 广 广 广 疒 疒 病 病 病							
병들다 병	부수 疒 총 10획	病	病					

死	一 厂 歹 歹 死 死							
죽다 사	부수 歹 총 6획	死	死					

結	ノ ㄥ 幺 幺 糸 糸 糸 紆 紆 結 結 結							
맺다 결	부수 糸 총 12획	結	結					

婚	く 女 女 女 女 妒 妒 娇 娇 婚 婚							
결혼하다 혼	부수 女 총 11획	婚	婚					

愛	ノ ゛ ゛ ゛ ゛ ゜ ゜ 至 至 爱 爱 爱 愛							
사랑 애	부수 心 총 13획	愛	愛					

情	、 ゛ 忄 忄 忤 忤 情 情 情 情 情							
뜻 정	부수 忄(心) 총 11획	情	情					

式	一 二 三 王 式 式							
법 식	부수 弋 총 6 획	式	式					

親	、 二 立 立 立 辛 辛 亲 亲 親 親 親 親 親 親							
친하다 친	부수 見 총 16획	親	親					

02 ▶ 教育

GETTING STARTED

Let's talk about learning and teaching.

☑ TODAY'S HANJA

育 기르다 육	習 익히다 습	宿 자다 숙
題 제목 제	豫 미리 예	復 다시 복
開 열다 개	放 놓다 방	讀 읽다 독
書 쓰다 서		

● **Let's see how the word 教育(교육) is made up.**

Track 074

 教 + **育** → **教育**

가르치다 교
to teach

기르다 육
to raise, to bring up

교육
education

- 教師 교사 a teacher
- 教室 교실 a classroom
- 教科書 교과서 a textbook

- 育兒 육아 upbringing of a child
- 體育 체육 physical education

⊕ Let's find more words that have **教** or **育** in them.

● **Let's see how the word 學習(학습) is made up.**

Track 075

 學 **習** **學習**

배우다 학
to learn

익히다, 연습하다 습
to practice, to learn

학습
learning

- 學校 학교 a school
- 學生 학생 a student

- 練習 연습 practice
- 慣習 관습 custom
- 習慣 습관 habit

⊕ Let's find more words that have **學** or **習** in them.

More Hanja

師 스승 사 | 科 과목 과 | 兒 아이 아 | 練 익히다 련/연 | 慣 버릇 관

● Let's see how the word 宿題(숙제) is made up.

Track 076

 + **→** 宿題

宿
자다 숙
to lodge

題
제목/과제 제
assignment

숙제
homework

・宿食 숙식 board and lodging
・宿泊 숙박 lodging

・題目 제목 a title
・話題 화제 a topic

● Let's learn Hanja that are used to describe "in advance" and "again."

Track 077

豫 + ☐ // 復 + ☐

豫
미리 예
in advance, beforehand

復
다시 복 again

+

習
익히다/연습하다 습
to practice, to learn

→ 豫習 예습 preparation
　 豫約 예약 reservation

→ 復習 복습 review
　 往復 왕복 coming and going

● Let's learn about 開學(개학) and 放學(방학)

Track 078

開 + ☐ // 放 + ☐

開
열다 개 to open

放
놓다 방
to release, to set free

+

學
배우다 학
to learn

→ 開學 개학 starting school
　 開放 개방 opening

→ 放學 방학 vacation
　 放送 방송 broadcasting

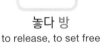 **More Hanja**

泊 머무르다 박 | 話 말씀 화 | 往 가다 왕 | 送 보내다 송

● **Let's learn words that have 讀(독) in them.**

Track 079

讀 읽다 독
to read

+

書 쓰다, 책 서 ➡ 讀書 독서 reading
책을 읽다

者 사람 자 ➡ 讀者 독자 a reader
책 읽는 사람

예문
- **讀書**하는 습관은 아이들에게 중요해요.
- 이 책을 읽은 **讀者**들은 감동을 많이 받았다고 합니다.

● **Let's learn words that have 書(서) in them.**

Track 080

書
쓰다, 책 서
to write, a book

+

店 가게 점 ➡ 書店 서점 a bookstore
책을 파는 가게

藝 예술 예 ➡ 書藝 서예 calligraphy
글씨를 붓으로 쓰는 예술

說明 설명

報告 보고

+

書

➡ 說明書 설명서 an instruction
사용법을 설명한 글

➡ 報告書 보고서 a report
보고하는 문서

예문
- 저 **書店**에는 여러 가지 책들이 있습니다.
- 제 취미는 **書藝**입니다.
- **說明書**를 잘 읽으면 혼자 만들 수 있다.

More Hanja

者 사람 자 ∣ 店 가게 점 ∣ 藝 예술 예 ∣ 說 말하다 설 ∣ 明 밝다 명 ∣ 告 알리다 고

LET'S PRACTICE

1 Fill in the blanks with the correct Hanja used in all three words on the left.

① 書   ② 復   ③ 題   ④ 習

(1) 예습, 연습, 습관   (   )

(2) 도서관, 서점, 교과서   (   )

(3) 왕복, 복습, 회복   (   )

(4) 숙제, 화제, 제목   (   )

2 Fill in the blanks with the correct Hanja from the box below.

① 開   ② 育   ③ 書   ④ 豫

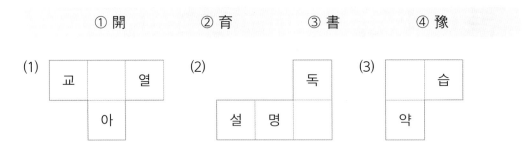

(1)

교		열
	아	

(2)

		독
설	명	

(3)

		습
	약	

3 Let's read the following parapraph.

아침에는 ⁽¹⁾學校에 갑니다. ⁽²⁾敎室에 도착하면 친구들과 한국어 ⁽³⁾練習을 합니다. 오후에는 ⁽⁴⁾書藝 練習을 합니다. 그리고 ⁽⁵⁾圖書館에 갑니다. ⁽⁶⁾圖書館에서 ⁽⁷⁾敎科書로 ⁽⁸⁾復習하고 내일 배울 것을 ⁽⁹⁾豫習합니다. 다음 주부터 ⁽¹⁰⁾放學입니다. ⁽¹¹⁾放學이 되면 ⁽¹²⁾讀書를 많이 하려고 합니다. 저는 ⁽¹³⁾讀書를 좋아합니다.

育 기르다 육	丶 亠 云 云 育 育 育 育
	부수 月 (肉) 총 8획
習 익히다 습	フ ヲ ヲ ヲ 羽 羽 羽 羽 習 習 習
	부수 羽 총 11획
宿 자다 숙	丶 宀 宀 宀 宀 宀 宿 宿 宿 宿
	부수 宀 총 11획
題 제목 제	丨 冂 日 日 旦 早 早 昇 是 是 是 題 題 題 題 題 題 題
	부수 頁 총 18획
豫 미리 예	フ マ ヌ 予 予 予 预 预 预 预 预 豫 豫 豫 豫 豫
	부수 豕 총 16획
復 다시 복	丿 ク 彳 彳 疒 疒 徉 徉 復 復 復
	부수 彳 총 12획
開 열다 개	丨 冂 冂 冂 冂 門 門 門 門 門 開 開
	부수 門 총 12획
放 놓다 방	丶 亠 亠 方 方 放 放 放
	부수 攵 총 8획
讀 읽다 독	丶 一 亠 言 言 言 言 言 訲 訲 詰 詰 讀 讀 讀 讀 讀 讀 讀 讀 讀 讀
	부수 言 총 22획
書 쓰다 서	フ ヲ ⺕ ⺕ 聿 聿 書 書 書 書
	부수 日 총 10획

03 〉性格

Let's talk about a person's personality.
The following is a self-portrait of Gongjae Yoon Du-suh (1668~1715) who
was a scholar and painter of the Mid-Joseon Dynasty. What kind of
personality do you think he had?

📋 TODAY'S HANJA

性 성품 성	格 격식 격	自 스스로 자
信 믿다 신	的 과녁 적	點 점 점
感 느끼다 감	快 즐겁다 쾌	活 살다 활

LET'S LEARN

● **Let's see how the word 性格(성격) is made up.**

Track 081

 性 ＋ **格** → **性格**

성품, 성 **성**
character, gender

격식 **격**
a form, formality

성격
personality, character

- **性急** 성급 hasty, impatient
- **個性** 개성 individuality
- **性別** 성별 gender

- **人格** 인격 personality
- **資格** 자격 qualification
- **價格** 가격 price, cost

🔍 Let's find more words that have **性** or **格** in them.

● **Let's see how the word 自信(자신) is made up.**

Track 082

 自 ＋ **信** → **自信**

스스로 **자**
self

믿다 **신**
to trust

자신
self-confidence

- **自己** 자기 self, oneself
- **自由** 자유 freedom
- **自然** 자연 nature

- **信用** 신용 credit, confidence
- **不信** 불신 distrust
- **確信** 확신 a firm belief, confidence

🔍 Let's find more words that have **自** or **信** in them.

More Hanja

急 급하다 급 | 個 낱, 개 개 | 別 다르다, 나누다 별 | 資 재물 자 | 價 값 가 | 己 자기 기 | 由 이유 유 | 然 그러하다 연 | 用 사용하다 용 | 不 아니다 불 | 確 강하다 확

● When 的(적) is used as a suffix added to a noun, it means something has a character or nature of the noun.

Track 083

☐ + 的

女性 여성
內省 내성
外向 외향
積極 적극

＋

的
과녁 적
a target

➡ 女性的 여성적 feminine, womanly
➡ 內省的 내성적 introvested
➡ 外向的 외향적 outgoing
➡ 積極的 적극적 enthusiastic

● There's Hanja used as a suffix added to a noun and the suffix stresses its meaning.

Track 084

☐ + 點

長 장
重 중
問題 문제

＋

點
점 점
a dot, a point

➡ 長點 장점 merit, good point
➡ 重點 중점 emphasis, stress
➡ 問題點 문제점 a problem

● Let's learn words that have 感(감) in them.

感
느끼다 감
to feel, to sense

＋

情 뜻 정

動 움직이다 동

➡ 感情 감정 feelings, emotion
슬픔, 기쁨 등과 같은 마음의 현상

Track 085

➡ 感動 감동 being moved, touched
깊이 느껴서 마음이 움직임

自信 자신 ＋ 感

➡ 自信感 자신감 confidence
자신이 있다고 여겨지는 느낌

예문 • 그 사람은 자기의 불쾌한 感情을 얼굴에 나타냈다.

• 한국에 처음 왔을 때 한국 사람이 보여 준 친절함에 感動했다.

• 自信感을 가지고 일을 해야 성공할 수 있다.

More Hanja

省 살피다 성 | 向 향하다 향 | 重 무겁다 중

● Let's learn words that have 快(쾌) in them.

Track 086

快 즐겁다 쾌
to be happy, to be pleasant

感 느끼다 감 ➡ 快感 쾌감 a pleasant sensation
상쾌하고 좋은 느낌

活 살다 활 ➡ 快活 쾌활 cheerful, merry
명랑하고 활발함

愉 즐겁다 유 + 快 ➡ 愉快 유쾌 happy, delightful
즐겁고 상쾌함

예문
- 나는 힘든 일을 포기하지 않고 끝까지 해낼 때 **快感**을 느낀다.
- 내 동생은 성격이 **快活**해서 친구들이 많다.
- 오랜만에 친구를 만나서 **愉快**한 시간을 보냈다.

● Let's learn words that have 活(활) in them.

Track 087

活 살다 활
to live, to be alive

力 힘 력 ➡ 活力 활력 vitality
살아 움직이는 힘

氣 기운 기 ➡ 活氣 활기 liveliness
활발한 기운

動 움직이다 동 ➡ 活動 활동 an activity, an action
어떤 일을 이루려고 하는 일, 힘차게 몸을 움직임

예문
- 좋은 취미 활동은 생활에 **活力**을 준다.
- 그 사람은 항상 **活氣**차게 일한다.
- 우리 어머니는 주말마다 고아원에서 봉사 **活動**을 하신다.

More Hanja

愉 즐겁다 유 | 力 힘 력 | 氣 기운 기

LET'S PRACTICE

1 Talk about your own personality with the words in the box below.

① 內省的　② 外向的　③ 活動的　④ 親切　⑤ 自己中心的

⑥ 自信感　⑦ 女性的　⑧ 男性的　⑨ 快活　⑩ 性急

2 Read the following conversations and fill in the blanks with the correct word from the box above.

(1) 가: 난 사람들 앞에서 말하는 게 너무 떨리고 무서워.

　　나: 너는 성격이 너무 (　　　　　　)이구나. 바꾸려고 노력해 봐.

(2) 가: 이 일은 나에게는 별로 어려운 일이 아니야. 내가 다 할 수 있어.

　　나: 넌 항상 모든 일에 (　　　　　)이 있어서 좋다!

(3) 가: 빨리 좀 해. 지금 가야 돼.

　　나: 그렇게 (　　　　　)하게 조르지 마. 천천히 하자.

(4) 가: 내가 도와줄게. 걱정하지 마.

　　나: 넌 정말 언제나 (　　　　　)하구나. 고마워.

(5) 가: 그 친구는 재미있는 말도 많이 하고 항상 웃고 있어. 그래서 옆에 있는 친구들도 즐거워져.

　　나: 나도 그렇게 (　　　　　)한 사람이 좋더라.

3 The following below presents that each blood type has different personality traits. What blood type are you?

A형 : (1)小心하고 (2)內省的인 편, 하지만 (3)自身이 맡은 일은 끝까지 열심(熱心)히
　　　 한다.

B형 : (4)外向的이며 (5)自己中心的인 사람이 많다.

AB형 : 항상 (6)自信感이 있다. 모든 일에 적극적(積極的)이며 긍정적(肯定的)으로
　　　 생각한다.

O형 : 모든 사람에게 친절하며 (7)性格이 (8)快活한 편, 가끔 (9)性急하게 일을 결정
　　　 하여 곤란에 빠지기도 한다.

Practice the Hanja you learned today.

性 성품 성	` ` ` ` 忄 忄 忄 忄性 性						
	부수 忄(心) 총 8획	性	性				
格 격식 격	一 十 才 才 杉 杉 枚 格 格 格						
	부수 木 총 10획	格	格				
自 스스로 자	` 亻 门 自 自 自						
	부수 自 총 6획	自	自				
信 믿다 신	ノ 亻 亻 仁 仁 仁 信 信 信						
	부수 亻(人) 총 9획	信	信				
的 과녁 적	` 亻 自 自 自 自 的 的						
	부수 白 총 8획	的	的				
點 점 점	` 口 口 曰 曰 甲 甲 里 黑 黑 黑 黑 黑 點 點 點 點						
	부수 黑 총 17획	點	點				
感 느끼다 감	ノ 厂 厂 厂 厉 咸 咸 咸 咸 感 感 感						
	부수 心 총 13획	感	感				
快 즐겁다 쾌	` ` 忄 忄 忙 快 快						
	부수 忄(心) 총 7획	快	快				
活 살다 활	` ` 氵 氵 氵 氵 活 活 活						
	부수 氵(水) 총 9획	活	活				

How do you earn money? How do you spend it?

☑ TODAY'S HANJA

經 다스리다 경	濟 구하다 제	價 값 가
財 재물 재	産 낳다 산	費 쓰다 비
料 세다 료/요	加 더하다 가	減 줄다 감

● **Let's see the meaning of the word 經濟(경제).**

Track 088

經 世 **+** 濟 民 **➡** 經濟

다스리다 경
to govern, to administer the state

구하다 제
to relieve people's suffering

경제
economy

- 經濟力 경제력 economic power
- 經濟學 경제학 economics
- 經濟的 경제적 economic, economically

 Let's find more words that have **經** or **濟** in them.

● **Let's see how the word 物價(물가) is made up.**

Track 089

物 **+** 價 **➡** 物價

물건 물
a thing, goods

값 가
cost, price

물가
prices (of commodities)

- 物件 물건 a thing, goods
- 生物 생물 a creature

- 價格 가격 price, cost
- 評價 평가 evaluation

Let's find more words that have **物** or **價** in them.

More Hanja

世 세상 세 | 民 백성 민 | 件 사건 건 | 評 평하다 평

● **Let's see how the word 財産(재산) is made up.**

Track 090

 財 + **産** → **財産**

재물 재
property, fortune

낳다 산
to produce, to yield

재산
property, fortune

- 財物 재물 fortune, property
- 文化財 문화재 cultural assets

- 産業 산업 industry
- 生産 생산 production

● **Let's learn words about expenses and fees.**

Track 091

☐ + 費

交通 교통
生活 생활
食 식
學 학
車 차

 費
쓰다 비
to spend

⇒ 交通費 교통비 traffic expenses
⇒ 生活費 생활비 living expenses
⇒ 食費 식비 food expenses
⇒ 學費 학비 school expenses
⇒ 車費 차비 (train, bus) fare

☐ + 料

入場 입장
授業 수업
給 급
保險 보험
觀覽 관람

 料
세다 료/요
to count

⇒ 入場料 입장료 an admission fee (charge)
⇒ 授業料 수업료 a school (tuition) fee
⇒ 給料 급료 a salary, wages
⇒ 保險料 보험료 an insurance fee
⇒ 觀覽料 관람료 an admission fee

More Hanja

化 되다 화 | 交 사귀다, 오고 가다 교 | 通 통하다 통 | 食 먹다 식 | 場 마당 장 | 授 주다 수 |
給 더하다 급 | 保 지키다 보 | 險 험하다 험 | 觀 보다 관 | 覽 보다 람

● **Let's learn words related to, 加減(가감), increase and decrease.**

增 늘다 증

參 참여하다 참

＋

加

더하다 가
to increase, to add

⇒ 增加 증가 to increase
늘어나서 더해지다

⇒ 參加 참가 to participate
모임에 들어가다

 • 노인들을 위한 자원봉사에 **參加**했습니다.
• 서울 인구가 **增加**했습니다.

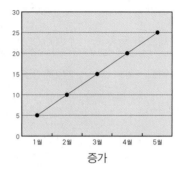

증가

減

줄다 감
to decrease

＋

少 적다 소

量 양 량/양

⇒ 減少 감소 decrease, reduction
줄어서 적어지다

⇒ 減量 감량 loss in quantity (weight)
양이 줄다

 • 농촌 인구가 **減少**하고 있습니다.
• 체중 **減量**이 필요합니다.

加減 (가감)하다
This means "addition and subtraction"
and "increase and decrease."
Ex. 가감하지 말고 그대로 말해 주세요.

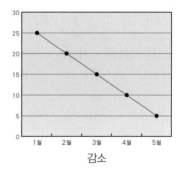

감소

More Hanja

增 늘다 증 ｜ 參 참여하다 참 ｜ 量 양 량/양

LET'S PRACTICE

1 **Choose the correct word from the box below to fill in each blank.**

① 食費	② 交通費	③ 授業料	④ 觀覽料	⑤ 給料

(1) 점심 식사   5,000원   (   )

(2) 영화   8,000원   (   )

(3) 새학기 등록   1,000,000원   (   )

(4) 월급   2,000,000원   (   )

(5) 택시   5,000원   (   )

2 **Replace 가 in the following sentences with the correct Hanja. If it's '價', write ① in the blank. If it's '加', write ②.**

(1) 도시 인구가 계속 증**가**하고 있습니다.   (   )

(2) 물**가**가 계속 올라 국민들의 생활이 어려워지고 있습니다.   (   )

(3) **가**치 있는 인생을 살기 위해서 노력해야 합니다.   (   )

(4) 어머니와 마라톤 경기에 참**가**했어요.   (   )

(5) 다른 사람을 평**가**하는 일은 어려워요.   (   )

3 **Let's read the following parapraph.**

요즘 신문에서는 (1)經濟 問題에 대한 이야기가 많이 나옵니다. 특히 (2)物價가 많이 올라서 (3)生活費가 많이 든다고 합니다. 이번 달에는 버스와 지하철 (4)料金도 오르기 때문에 (5)交通費도 더 오를 것 같습니다.

⬤ Practice the Hanja you learned today.

經 다스리다 경	ﾉ ㄠ ㄠ ㄠ 幺 糸 糸 紀 經 經 經 經 經							
	부수 糸 총 13획	經	經					
濟 구하다 제	ﾉ ﾉ ﾠ ﾠ ﾠ 汒 汒 汒 汶 淪 淪 淪 滪 滪 滪 滪 濟							
	부수 氵(水) 총 17획	濟	濟					
價 값 가	ﾉ ﾠ ﾠ ﾠ ﾠ 俨 價 價 價 價 價 價 價 價							
	부수 亻(人) 총 15획	價	價					
財 재물 재	ㅣ ㅁ ㅂ 月 目 貝 貝 貝 貝 財 財							
	부수 貝 총 10획	財	財					
産 낳다 산	ﾍ ㅡ ﾠ 文 立 产 产 彥 彥 産 産							
	부수 生 총 11획	産	産					
費 쓰다 비	ﾍ ﾠ 弗 弗 弗 弗 弗 弗 弗 費 費 費							
	부수 貝 총 12획	費	費					
料 세다 료/요	ﾍ ﾍ ﾠ 半 米 米 米 米 料 料							
	부수 斗 총 10획	料	料					
加 더하다 가	ㄱ 力 力 加 加							
	부수 力 총 5획	加	加					
減 줄다 감	ﾍ ﾍ ﾠ ﾠ 沢 汛 沢 減 減 減 減 減							
	부수 氵(水) 총 12획	減	減					

05 › 職業

GETTING STARTED

What kinds of jobs are there? What do you want to be?

✓ TODAY'S HANJA

職 맡다 직　　業 일 업　　會 모이다 회
社 모이다 사　　者 사람 자　　員 사람 원
師 스승 사　　勞 일하다 로/노　成 이루다 성

● Let's see how the word 職業(직업) is made up.

Track 093

 ＋ ➡

맡다 직
to take, to get

일 업
job, work

직업
a job, an occupation

- 職員 직원 an employee
- 職場 직장 a workplace
- 就職 취직 employment

- 授業 수업 a lesson, a class
- 事業 사업 business
- 工業 공업 industry

🔍 Let's find more words that have 職 or 業 in them.

● Let's see how the word 會社(회사) is made up.

Track 094

 ＋ ➡ 會社

모이다 회
to gather

모이다, 단체 사
to gather, group(company)

회사
a company

- 會長 회장 a president, a chairman
- 會員 회원 a member
- 同窓會 동창회 class reunion

- 社長 사장 a president of a company
- 社員 사원 an employee, personnel
- 新聞社 신문사 a newspaper company

🔍 Let's find more words that have 會 or 社 in them.

> **Tip**
> 회사(會社) is often shortened to 사(社).
> Ex. 新聞 만드는 會社 ⇨ 新聞社
>   (A newspaper company)

More Hanja

就 이루다 취 ǀ 工 장인공 ǀ 同 같다동 ǀ 窓 창창 ǀ 聞 듣다문

There are many Hanja used for different professions.

Track 095

☐ + 者

科學 과학
技術 기술
勞動 노동

+

者

사람 자
a person

➡ 科學者 과학자 a scientist
➡ 技術者 기술자 an engineer
➡ 勞動者 노동자 a laborer

과학자

☐ + 員

會社 회사
販賣 판매
從業 종업

+

員

사람 원
a member

➡ 會社員 회사원 an office worker
➡ 販賣員 판매원 a salesperson
➡ 從業員 종업원 an employee

종업원

☐ + 師

教 교
醫 의
料理 요리

+

師

스승 사
a teacher

➡ 教師 교사 a teacher
➡ 醫師 의사 a doctor
➡ 料理師 요리사 a cook

의사

☐ + 家

小說 소설
音樂 음악
藝術 예술

+

家

전문가 가
an expert

➡ 小說家 소설가 a novelist, writer
➡ 音樂家 음악가 a musician
➡ 藝術家 예술가 an artist

음악가

More Hanja

科 과목 과 | 技 재주 기 | 術 방법 술 | 販 팔다 판 | 賣 팔다 매 | 從 따르다 종 | 醫 치료하다 의 |
理 다스리다 리/이 | 音 소리 음 | 樂 음악 락/악

● **Let's learn words that have 勞(로) in them.**

Track 096

勞 일하다 로/노
to work

+

動 움직이다 동 ➡ **勞動** 노동 labor, work
일하고 움직이다

使 시키다 사 ➡ **勞使** 노사 labor and management
노동자와 고용자

예문
· 오늘날의 발전은 땀 흘려 **勞動**한 결과이다.
· 이번 월급 문제에 대해 **勞使**가 잘 타협했다.

Tip
勞 로/노
· Originally, 勞 is read [로]. Ex. 勤勞 근로
· When 勞 is used as the first letter, it is read [노], not [로]. Ex. 勞動 노동

● **Let's learn words that have 成(성) in them.**

Track 097

成 이루다 성
to accomplish

+

功 공로 공 ➡ **成功** 성공 success
공을 이루다, 성공하다

果 열매 과 ➡ **成果** 성과 a result
이루어진 결과

長 크다 장 ➡ **成長** 성장 growth
크게 이루다, 자라다

예문
· 어려움이 있었지만 실패 없이 모두 **成功**했다.
· 열심히 일한 덕분에 이번 일의 **成果**는 아주 좋았다.
· 한국은 수출을 통해 경제가 많이 **成長**했다.

More Hanja

使 시키다 사 ┃ 功 공로 공

LET'S PRACTICE

1 What are their jobs described in the sentences below? Fill in the blanks with the correct Hanja.

① 會社員   ② 販賣員   ③ 音樂家   ④ 科學者   ⑤ 料理師   ⑥ 技術者

(1) 저는 백화점에서 일합니다. 손님들이 물건을 찾을 때 도와 드립니다.   (   )

(2) 맛있는 음식을 만듭니다. 제 음식이 맛있다고 할 때 저는 기쁩니다.   (   )

(3) 저는 컴퓨터 회사에서 일합니다. 컴퓨터에 문제가 생기면 저를 찾으세요.   (   )

(4) 매일 지하철을 타고 회사로 출근합니다. 사무실에서 일합니다.   (   )

2 Fill in the blanks with the correct Hanja.

① 社長   ② 會社   ③ 就職   ④ 職員   ⑤ 月給   ⑥ 成功

(1) 학교를 졸업하고 빨리 (   )을 해서 돈을 벌어야겠어요.

(2) 저는 컴퓨터를 공부했으니까 컴퓨터 (   )에서 일하고 싶어요.

(3) 누구나 다 자신의 일을 열심히 해서 (   )하고 싶어 한다.

(4) 회사에서 누가 가장 월급이 많을까요? 그야 물론 (   )이겠지요.

(5) 그 회사는 유명한 회사지만 크지 않아서 (   )의 수가 적다.

3 Let's read the following parapraph.

(1)會社의 (2)來年 계획을 위해 (3)社長님과 (4)勞動者 대표들이 회의를 했습니다. 지난해의 계획들이 좋은 (5)成果를 거두었고 (6)會社가 많이 (7)成長했다고 평가했습니다. (8)勞使간의 좋은 관계를 유지하고 앞으로도 회사가 더욱 (9)成長해서 자랑스런 (10)職場이 되었으면 좋겠습니다.

● **Practice the Hanja you learned today.**

職		一 「 「 「 F E 耳 耳 耶 耶 耶 耶 聇 聇 聇 職 職 職					
맡다 직	부수 耳 총 18획	職	職				
業		' '' '' '' ''' 光 光 光 光 業 業 業					
일 업	부수 木 총 13획	業	業				
會		ノ 入 入 合 合 合 合 命 侖 會 會 會 會					
모이다 회	부수 日 총 13획	會	會				
社		一 二 干 干 亓 示 剂 社					
모이다 사	부수 示 총 8획	社	社				
者		一 十 土 尹 严 者 者 者 者					
사람 자	부수 老 총 9획	者	者				
員		` ⼝ ⼝ ⼝ 冎 冎 冐 冒 員 員					
사람 원	부수 口 총 10획	員	員				
師		' ' ' ' ' ' ' 阜 阜 師 師 師					
스승 사	부수 巾 총 10획	師	師				
勞		` ` ` ` ` ` ` ` 炒 炒 炒 燃 燃 勞 勞					
일하다 로/노	부수 力 총 12획	勞	勞				
成		ノ 厂 F 万 成 成 成					
이루다 성	부수 戈 총 7획	成	成				

06 交通

GETTING STARTED

Let's learn the words about transportation in Korea.

☑ TODAY'S HANJA

交 사귀다 교	通 통하다 통	道 길 도
路 길 로/노	場 장소 장	所 자리 소
線 줄 선	乘 타다 승	速 빠르다 속

122   Intermediate

LET'S LEARN

★ **Let's see how the word 交通(교통) is made up.**

 + →

交
사귀다, 오고 가다 교
to make friends with,
to come and go

通
통하다 통
to pass, to go through

交通
교통
transportation

Track 098

- 交換 교환 an exchange
- 外交 외교 diplomacy
- 交叉路 교차로 an intersection

- 通過 통과 passing, going through
- 通路 통로 a passage
- 通行 통행 passing, transit

🔍 Let's find more words that have 交 or 通 in them.

★ **Let's see how the word 道路(도로) is made up.**

 + →

道
길 도
a way, a road

路
길 로/노
a way, a road

道路
도로
a road

Track 099

- 車道 차도 a roadway
- 人道 인도 pavement, sidewalk
- 道理 도리 reason, propriety

- 大路 대로 a broad way, main street
- 進入路 진입로 a ramp
- 大學路 대학로 Daehangno

🔍 Let's find more words that have 道 or 路 in them.

More Hanja

換 바꾸다 환 | 叉 엇갈리다 차 | 進 나아가다 진

☐ + 場

市 시
運動 운동
公演 공연

✛ 場

장소 장
a place

➡ 市場 시장 a market
➡ 運動場 운동장 a playground, a play yard
➡ 公演場 공연장 an auditorium, a stadium

☐ + 所

研究 연구
休憩 휴게
案内 안내

✛ 所

자리 소
a location

➡ 研究所 연구소 a research institute (laboratory)
➡ 休憩所 휴게소 a resting place or stop
➡ 案内所 안내소 an information desk

☐ + 線

車 차
二號 2호
路 노

✛ 線

줄 선
a line

➡ 車線 차선 a (traffic) lane
➡ 二號線 2호선 line No. 2
➡ 路線 노선 a route, line

More Hanja

運 돌다 운 | 演 연극 연 | 研 갈다 연 | 究 연구하다 구 | 休 쉬다 휴 | 憩 쉬다 게 | 案 생각 안 |
號 번호 호

⭐ Let's learn words that have 乘(승) in them.

Track 101

乘
타다 승
to take, to get on (in)

+

車 차 차
客 손님 객

➡ 乘車 승차 to get in a car
차에 타다

➡ 乘客 승객 a passenger
(차에 탄) 손님

예문
- 휴게소에서 잠시 쉬겠습니다. **乘車** 시간은 10분 후입니다.
- **乘客**들은 모두 비행기에 탔습니다.

⭐ Let's learn words that have 速(속) in them.

Track 102

速
빠르다 속
to be fast, to be rapid

+

度 정도 도

➡ 速度 속도 speed
빠른 정도

- -

過 지나치다 과
高 높다 고

+

速

➡ 過速 과속 to exceed the speed limit
지나치게 빠른 속도

➡ 高速 고속 high-speed
빠른 속도

예문
- 너무 **過速**하시네요. 좀 천천히 가세요.
- **高速**도로에서는 운전을 특히 조심하세요.

More Hanja

客 손님 객 ┃ 度 정도 도

1 Look at the map and write the appropriate Hanja in the correct place.

① 所　　　② 線　　　③ 場　　　④ 路

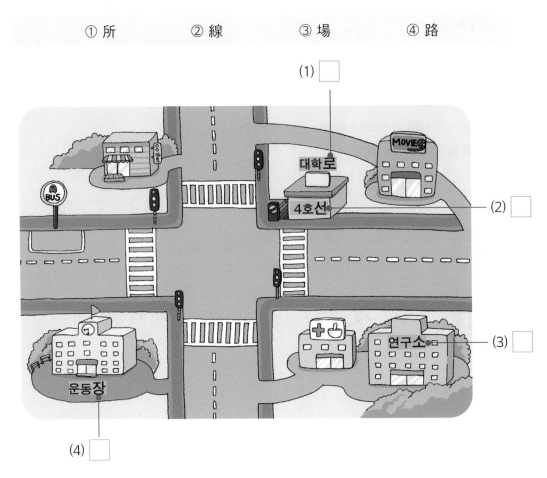

2 Let's read the following parapraph.

서울의 (1)道路는 무척 복잡합니다. (2)交通 문제가 심각하다고 합니다. (3)人口가 많기 때문입니다. 하지만 사람들이 더 조심하면 (4)交通 문제가 해결될 수 있습니다. (5)車線을 지키고 (6)過速을 하지 않고 질서 있게 (7)乘車하는 등 여러 가지 실천할 수 있는 것들이 있습니다.

交 사귀다 교	丶 一 亠 六 亣 交		
	부수 亠 총 6획	交	交
通 통하다 통	マ マ ヌ 丂 斉 肖 甬 涌 诵 诵 通		
	부수 辶(辵) 총 11획	通	通
道 길 도	丶 丷 亠 ヅ 产 首 首 首 首 道 道 道		
	부수 辶(辵) 총 13획	道	道
路 길 로/노	丶 口 口 虫 虫 虫 虫 趵 趵 趵 路 路 路		
	부수 足 총 13획	路	路
場 장소 장	一 十 土 圹 圹 圻 坦 坦 坦 坍 場 場		
	부수 土 총 12획	場	場
所 자리 소	丶 亅 亅 亖 亖 所 所 所		
	부수 戶 총 8획	所	所
線 줄 선	乚 幺 幺 糸 糸 糸 糸′ 紸 約 絈 絈 絈 線 線 線		
	부수 糸 총 15획	線	線
乘 타다 승	一 二 千 千 乖 乖 乖 乖 乖 乘		
	부수 丿 총 10획	乘	乘
速 빠르다 속	一 厂 币 戸 車 束 束 涑 涑 速		
	부수 辶(辵) 총 11획	速	速

大衆文化

Popular culture is an important part of our lives. How does it influence us?

☑ TODAY'S HANJA

衆 무리 중	化 되다 화	送 보내다 송
映 비치다 영	畵 그림 화	最 가장 최
新 새롭다 신	視 보다 시	聽 듣다 청
歌 노래 가		

● Let's see how the word 大衆文化(대중문화) is made up.

Track 103

大 衆 + 文 化 → 大衆文化

크다 대   무리 중   글월 문   되다 화   대중문화
to big   a group,   writings   to become,   popular culture
         crowd   to get to be

- 公衆 공중 the public
- 觀衆 관중 an audience
- 民衆 민중 the people

- 變化 변화 a change, an alteration
- 實用化 실용화 to be put to practical use
- 老化 노화 growing old

🔍 Let's find more words that have 衆 or 化 in them.

● Let's see how the word 放送(방송) is made up.

Track 104

放 + 送 ➡ 放送

놓다 방   보내다 송   방송
to release, to set free   to send, to transmit   broadcasting

- 放學 방학 a vacation
- 放心 방심 absent-mindedness

- 送金 송금 remittance
- 送別會 송별회 a farewell party

🔍 Let's find more words, that have 放 or 送 in them.

公 여러 공 | 變 변하다 변 | 實 열매 실

Track 105

비치다 영
to project, to reflect

그림 화
a picture

영화
a film, movie

- 上映 상영 screening, projecting
- 反映 반영 reflection
- 映像 영상 an image, a picture

- 畵家 화가 a painter
- 畵面 화면 a screen, a picture
- 西洋畵 서양화 western painting

🔍 Let's find more words, that have 映 or 畵 in them.

● **There are Hanja for superlatives and the new.**

Track 106

 + ☐

最

高 고   ➡ 最高 최고 the best, maximum
低 저   ➡ 最低 최저 the lowest, minimum
善 선   ➡ 最善 최선 the best, one's best

가장 최
the most, the best

 + ☐

新

世代 세대   ➡ 新世代 신세대 the new generation
人 인   ➡ 新人 신인 a new man, new face
式 식   ➡ 新式 신식 a new style, modern

새롭다 신
to be new

More Hanja

反 되돌리다 반 ｜ 像 모양 상 ｜ 面 얼굴 면 ｜ 善 착하다, 좋다 선

● Let's learn words that have 視(시) in them.

Track 107

視
보다 시
to look, to see

＋

力 힘 력
線 줄 선

➡ 視力 시력 eyesight
물체를 알아볼 수 있는 눈의 능력

➡ 視線 시선 one's sight, gaze
눈이 가는 방향, 주의나 관심

 예문
• 視力이 나빠져서 안경을 쓰게 되었다.
• 그 사람은 사람들의 視線을 끄는 매력이 있다.

● Let's learn words that have 聽(청) in them.

Track 108

聽
듣다 청
to hear, to listen

＋

衆 무리 중
取 가지다 취

➡ 聽衆 청중 an audience
강연이나 설교 등을 들으려고 모인 사람들

➡ 聽取 청취 hearing, listening
방송 등을 자세히 들음

 예문
• 그 사람의 강연회에 聽衆이 엄청나게 모였다.
• 그 라디오 프로그램은 젊은이들이 많이 聽取하는 프로그램이다.

● Let's learn words that have 歌(가) in them.

Track 109

歌
노래 가
a song

＋

手 손, 사람 수 ➡ 歌手 가수 a singer
노래 부르는 것이 직업인 사람

謠 노래 요 ➡ 歌謠 가요 a popular song
여러 종류의 노래를 모두 뜻하는 말, 대중가요

 예문
• 歌手가 되고 싶어서 열심히 노래 연습을 하고 있다.
• 한국 歌謠를 많이 들어서 한국 大衆文化를 좋아하게 됐다.

More Hanja

取 가지다 취 | 謠 노래 요

LET'S PRACTICE

1 **Match the Hanja to make words.**

(1) 最 ·

· (가) 送

(2) 視 ·

· (나) 式

(3) 新 ·

· (다) 力

(4) 放 ·

· (라) 善

(5) 聽 ·

· (마) 衆

2 **Fill in each blanks with the correct word from the box below.**

① 民衆　② 最善　③ 上映　④ 變化　⑤ 歌手　⑥ 公衆　⑦ 畵面

(1) 지금 극장에서 (　　　　)하고 있는 영화 중에서 무슨 영화가 재미있니?

(2) 과학이 발전해서 우리의 생활이 빠르게 (　　　　)하고 있다.

(3) 이 노래를 부르는 (　　　　)가 누구지?

(4) 요즘은 많은 사람들이 휴대전화를 가지고 있어서 거리에서 (　　　　)전화를 쉽게 볼 수가

없어.

(5) 모든 일에 항상 (　　　　)을 다하면 성공할 수 있을 것이다.

3 **Let's read the following parapraph.**

요즘 젊은이들은 (1)歌手나 (2)映畵배우를 아주 좋아한다. 초등(3)學生의 장래희망
중에서도 (4)歌手, 운동선수, 배우가 다수를 차지하고 있다. 하지만 (5)大衆매체의 하
나인 텔레비전은 (6)視聽者의 흥미를 끌기 위해 재미 위주의 (7)放送만을 해서 (8)大
衆文化의 수준을 낮추고 있다. 또 청소년들이 외설적이고 폭력적인 (9)映畵를 보거
나 저질의 노랫말을 가진 (10)歌謠를 듣고 생각 없이 따라함으로써 여러 가지 (11)社
會的 問題가 발생하기도 한다.

衆 무리 중	` ´ ´ 宀 血 血 血 尘 宋 象 衆` 부수 血 총 12획	衆 衆
化 되다 화	`ノ イ イ 化` 부수 匕 총 4획	化 化
送 보내다 송	`´ ハ ハ 쓰 쏙 쏭 诶 诶 送` 부수 辶(辵) 총 10획	送 送
映 비치다 영	`ㅣ 冂 冂 日 日 旷 肿 映 映` 부수 日 총 9획	映 映
畵 그림 화	`フ ㅋ ㅋ ㅋ 聿 聿 聿 書 書 書 書 畵 畵` 부수 田 총 13획	畵 畵
最 가장 최	`ㅣ 冂 曰 旦 旱 昌 昌 昌 昬 最 最` 부수 日 총 12획	最 最
新 새롭다 신	`´ ㅗ ㅗ ㅕ ㅛ 立 辛 亲 亲 新 新 新` 부수 斤 총 13획	新 新
視 보다 시	`´ ニ ㅜ ㅜ ㅜ 利 和 秐 視 祖 視 視` 부수 見 총 12획	視 視
聽 듣다 청	`一 丆 丆 丆 丆 耳 耳 耳 耵 聍 聍 聓 聽 聽 聽 聽 聽 聽 聽 聽` 부수 耳 총 22획	聽 聽
歌 노래 가	`一 丆 哥 哥 哥 哥 哥 哥 哥 歌 歌 歌` 부수 欠 총 14획	歌 歌

08 ▸ 傳統文化

GETTING STARTED

Every country has its own cultural heritage. Let's talk about the cultural heritage of your country or Korea.

📅 TODAY'S HANJA

傳 전하다 전	統 거느리다 통	國 나라 국
樂 즐기다 락/악	民 백성 민	代 시대 대
有 있다 유	無 없다 무	遺 남기다 유
古 옛 고		

LET'S LEARN

● Let's see how the word 傳統(전통) is made up.

Track 110

 + →

전하다 전
to transmit, deliver,
to hand down

거느리다, 합치다 통
to lead, to unify

전통
tradition

- 傳達 전달 delivery
- 傳說 전설 a legend, myth
- 遺傳 유전 heredity

- 統計 통계 statistics
- 血統 혈통 blood, pedigree
- 統一 통일 unification

Let's find more words that have 傳 or 統 in them.

● Let's see how the word 國樂(국악) is made up.

Track 111

 +   →

나라 국
a nation, a country

즐기다, 연주하다 락/악
to enjoy, to play

국악
Korean classical music

- 國家 국가 a nation, a country
- 國民 국민 a people, a citizen
- 外國 외국 a foreign country

- 音樂 음악 music
- 樂器 악기 a musical instrument
- 娛樂 오락 amusement, entertainment

Let's find more words that have 國 or 樂 in them.

More Hanja

達 통하다 달 | 系 잇다 계 | 器 그릇 기 | 娛 즐거워하다 오

● 民(민) means "a people, race." Let's learn some words that have 民 in them.

Track 112

☐ + 民

國 국
市 시
失鄕 실향

+

民

백성 민 a people

➡ 國民 국민 a people, a nation

➡ 市民 시민 a citizen

➡ 失鄕民 실향민 a displaced person

● Let's learn some words that refer to a certain time or era.

Track 113

☐ + 代

現 현
時 시
世 세

+

代

시대 대 an era

➡ 現代 현대 modern times, today

➡ 時代 시대 an era, time, period

➡ 世代 세대 a generation

● Let's learn some words with 有(유) and 無(무).

Track 114

有 + ☐ // 無 + ☐

有

있다 유 there is

+

名 명
識 식
料 료

➡ 有名 유명 fame, well-known

➡ 有識 유식 learned, intelligence

➡ 有料 유료 charged, with fee

無

없다 무 there is no,
there is not

➡ 無名 무명 nameless, unknown

➡ 無識 무식 ignorance, uneducated

➡ 無料 무료 no charge, free of charge

Let's learn some phrases with both 有 and 無 in them.

Ex. 有口無言: This means "having no word to say" and "no excuse to offer."

有名無實: This means "being in name only."

More Hanja

市 시장 시 | 失 잃다 실 | 鄕 시골 향 | 識 알다 식 | 言 말씀 언 | 名 이름 명 | 實 열매 실

⭐ Let's learn words that have 遺(유) in them.

Track 115

遺
남기다 유
to leave behind

＋

產 재산 산 ➡ 遺產 유산 an inheritance
사후에 남겨놓은 재산

物 물건 물 ➡ 遺物 유물 a relic, remains
죽은 이가 남긴 물건, 과거 인류가 남긴 것

言 말씀 언 ➡ 遺言 유언 a will, one's last words
죽기 전에 부탁하여 남기는 말

- 아버지께서 돌아가셔서 아들이 **遺產**을 물려받았다.
- 이곳에서 천 년 전의 **遺物**이 발견되었다.
- 할아버지의 **遺言**에 따라 재산을 모두 사회에 기부했다.

⭐ Let's learn words that have 古(고) in them.

Track 116

古
옛 고
old, ancient

＋

都 도시 도 ➡ 古都 고도 an ancient city
오래된 도시

代 시대 대 ➡ 古代 고대 ancient(old) times
옛 시대

典 법, 책 전 ➡ 古典 고전 an old book, classics
시대를 대표하는 모범이 될 만한 작품

- 경주는 천 년의 **古都**이다.
- 박물관에 가면 **古代** 유물을 많이 볼 수 있다.
- 나는 대중가요보다 **古典**음악을 좋아하는 편이다

More Hanja

都 도시 도 | 典 법, 책 전

LET'S PRACTICE

1 **Pick two Hanja from the box below and make a word. What words can be formed?**

國　無　料　古　人　物　內　遺　代

2 **Read the clues below and fill in the crossword.**

遺言　無料　古典音樂　有口無言　古代遺物　國樂　遺産

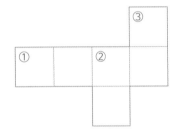

〈가로〉① 입은 있으나 할 말이 없다. 변명할 말이 없다.

〈세로〉② 값을 받지 않음, 또는 치르지 않음.

③ 죽기 전에 부탁하여 남기는 말.

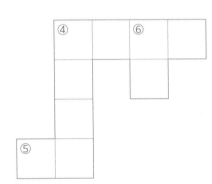

〈가로〉④ 옛 시대의 인류가 남겨 놓은 물건.

⑤ 한국의 전통음악.

〈세로〉④ 전통적으로 전해 내려오는 그 나라 고유의 음악, 클래식 음악.

⑥ 죽은 이가 남겨 놓은 재산.

| 傳
전하다 전 | ノ イ イ´ イ´ 亻 亻 伵 俥 俥 俥 傳 傳 | | |
| | 부수 亻(人)
총 13획 | 傳 | 傳 |

| 統
거느리다 통 | ´ 纟 纟 纟 糸 糸 糸 糸′ 紌 紌 紌 統 | | |
| | 부수 糸
총 12획 | 統 | 統 |

| 國
나라 국 | 丨 冂 冂 冂 冃 同 圁 國 國 國 國 | | |
| | 부수 囗
총 11획 | 國 | 國 |

| 樂
즐기다 락/악 | ´ ′ 冇 自 自 自 纽 纽 绌 绌 樂 樂 樂 樂 樂 | | |
| | 부수 木
총 15획 | 樂 | 樂 |

| 民
백성 민 | ¯ ¬ ¬ 尸 尸 民 | | |
| | 부수 民
총 5획 | 民 | 民 |

| 代
시대 대 | ノ イ 仁 代 代 | | |
| | 부수 亻(人)
총 5획 | 代 | 代 |

| 有
있다 유 | ノ 广 ナ 冇 有 有 | | |
| | 부수 月
총 6획 | 有 | 有 |

| 無
없다 무 | ノ ← ← ← 缶 缶 缶 無 無 無 無 無 | | |
| | 부수 灬
(火)
총 12획 | 無 | 無 |

| 遺
남기다 유 | ` 口 口 中 虫 串 耒 青 青 昔 貴 貴 遺 遺 遺 遺 | | |
| | 부수 辶
(辵)
총 16획 | 遺 | 遺 |

| 古
옛 고 | 一 十 十 古 古 | | |
| | 부수 口
총 5획 | 古 | 古 |

旅行

GETTING STARTED

Have you traveled around Korea? Where have you been? Let's learn the words about traveling.

📅 TODAY'S HANJA

旅 나그네 려/여	行 다니다 행	世 세상 세
界 경계 계	全 모두 전	各 각각 각
名 이름 명	休 쉬다 휴	食 밥 식

LET'S LEARN

★ Let's see how the word 旅行(여행) is made up.

Track 117

旅 ＋ 行 ➡ 旅行

나그네 려/여
a traveler, a wanderer

다니다 행
to go to and from

여행
a travel, a trip

- 旅券 여권 a passport
- 旅館 여관 an inn, a hotel
- 旅費 여비 traveling expenses

- 行動 행동 an action, a movement
- 行事 행사 an event
- 善行 선행 a good deed

⊕ Let's find more words that have 旅 or 行 in them.

★ Let's see how the word 世界(세계) is made up.

Track 118

世 ＋ 界 ➡ 世界

세상 세
the world, society

경계, 분야 계
a boundary, a field

세계
the world

- 出世 출세 success in life
- 世代 세대 a generation
- 世紀 세기 a century

- 外界人 외계인 an alien
- 限界 한계 a limit, a boundary
- 政治界 정치계 the political world

⊕ Let's find more words that have 世 or 界 in them.

> **Tip**
>
> 界(계) is used to describe a field.
>
> * 정치계, 경제계, 연예계

More Hanja

券 문서 권 | 館 집 관 | 紀 해 기 | 限 한정하다 한 | 政 정사 정 | 治 다스리다 치

● 全(전) is used to mean "every, all, whole" and 各(각) is used to mean "each, every different."

Track 119

全 + ☐

全
모두 전
all, whole

＋

國 국
世界 세계
部 부

➡ 全國 전국 the whole country
➡ 全世界 전 세계 the whole world
➡ 全部 전부 everything

各 + ☐

各
각각 각
each

＋

國 국
界 계
自 자

➡ 各國 각국 each nation, every country
➡ 各界 각계 all walks of life, every field of life
➡ 各自 각자 each one, individual

● 名(명) is used to mean "popular."

Track 120

名 + ☐

名
이름 명
a name

＋

所 소
品 품
門 문

➡ 名所 명소 a noted place, sights (to see)
➡ 名品 명품 luxury goods
➡ 名門 명문 a distinguished family, noble lineage

> **Tip**
> 各 and 名 look similar but they have totally different meanings.

More Hanja

部 나누다 부 ┃ 品 물건품 ┃ 門 문문

Let's learn words that have 休(휴) in them.

Track 121

 쉬다 휴
to rest

+

日 날 일 → 休日 휴일 a holiday, day off
쉬는 날

息 쉬다 식 → 休息 휴식 rest
쉬다

連 이어지다 련/연 **+** → 連休 연휴 consecutive holidays
계속되는 휴일

 예문
- 이번 **休日**에 어디 다녀오셨나요?
- 일을 많이 해서 피곤해. **休息**이 필요해.
- 추석이 주말까지 포함해서 닷새 **連休**가 되었네!

Let's learn words that have 食(식) in them.

Track 122

 밥, 먹다 식
a meal, to eat

+

堂 집 당 → 食堂 식당 a restaurant
밥집

事 일 사 → 食事 식사 a meal
밥 먹는 일

飮 마시다 음 **+** → 飮食 음식 food (and drink)
먹고 마시는 것

 예문
- 배고프다. 빨리 **食堂**에 가야겠다.
- 점심때가 지났는데 아직 **食事**를 못하셨어요?
- 손님이 오신다고 하니 **飮食**을 준비해야겠다.

More Hanja

息 쉬다 식 | 連 이어지다 련/연 | 堂 집 당 | 飮 마시다 음

LET'S PRACTICE

1 **Read the following conversations and fill in the blanks with the correct word.**

① 行事 ② 世紀 ③ 旅券 ④ 限界 ⑤ 外界人 ⑥ 名品 ⑦ 名門

(1) 가: 중국 대사관에 비자 받으러 가는데 뭐가 꼭 필요해?

나: 비자를 받는 거라면 당연히 (   )이 꼭 필요하지.

(2) 가: 서울시청 앞길에는 오늘 차가 다닐 수 없대요.

나: 오늘 마라톤이 있어요. 특별한 (   )가 있으면 교통을 막잖아요.

(3) 가: 이탈리아에서 수입한 저 가방이 정말 비싼 거래.

나: 백화점에서 파는 그 비싼 (   ) 말이야?

(4) 가: 너 머리 모양이랑 얼굴 모습이 왜 그렇게 이상하게 보이니? 우주에서 왔니?

나: 뭐라고? 내가 (   )처럼 보이니?

2 **Talk about your travel plans using the words below.**

全世界   全國   有名   名所   食堂

連休   各國   休息   飲食   旅費   各地

3 **Let's read the following parapraph.**

요즘 (1)連休만 되면 (2)全國 곳곳의 (3)名所에 (4)旅行을 즐기는 사람들이 많다고 합니다. (5)旅館도 미리 예약을 하지 않으면 빈방을 찾기 어렵다고도 합니다. (6)連休에 (7)名所에서 새로운 경험을 하면서 (8)休息을 취하려는 사람이 늘고 있기 때문입니다. (9)旅行을 하며 맛있다고 소문난 (10)食堂에서 특별한 (11)飲食을 맛보는 것도 (12)旅行의 큰 재미입니다. 여러분도 (13)各自 자기 나라뿐 아니라 (14)全世界로 (15)旅行을 떠나는 것도 좋은 경험이 될 것입니다. 그러나 젊은 (16)世代들은 충분한 (17)旅費가 없어서 고민을 하기도 합니다.

Practice the Hanja you learned today.

旅 나그네 려/여	丶 亠 ナ 方 方 ガ が 旅 旅 旅		
	부수 方 총 10획	旅	旅
行 다니다 행	丿 ク 彳 彳 行 行		
	부수 行 총 6획	行	行
世 세상 세	一 十 卄 世 世		
	부수 一 총 5획	世	世
界 경계 계	丶 口 日 田 田 尸 尹 界 界		
	부수 田 총 9획	界	界
全 모두 전	丿 入 人 合 全 全		
	부수 入 총 6획	全	全
各 각각 각	丿 ク 夂 夂 各 各		
	부수 口 총 6획	各	各
名 이름 명	丿 ク タ タ 名 名		
	부수 口 총 6획	名	名
休 쉬다 휴	丿 イ 亻 什 休 休		
	부수 亻(人) 총 6획	休	休
食 밥 식	丿 入 入 今 今 令 食 食 食		
	부수 食 총 9획	食	食

GETTING STARTED

What kind of studies are you interested in?

📅 TODAY'S HANJA

思	생각하다 사	想	생각하다 상	理	이치 리/이
論	말하다 론/논	意	뜻 의	識	알다 식
力	힘 력/역	未	아니다 미	知	알다 지
實	열매 실				

● **Let's see how the word 思想(사상) is made up.**

Track 123

 思 + **想** →  **思想**

생각하다 **사**
to think

생각하다 **상**
to think

사상
an idea, ideology

- 思考 사고 thought
- 意思 의사 an intention
- 思春期 사춘기 adolescence

- 想像 상상 imagination
- 豫想 예상 expectation
- 假想 가상 assumption

⊕ Let's find more words that have **思** or **想** in them.

● **Let's see how the word 理論(이론) is made up.**

Track 124

理 + **論** → **理論**

이치 **리/이**
reason

말하다 **론/논**
to talk, discuss

이론
a theory

- 理由 이유 reason
- 一理 일리 some reason
- 理解 이해 understanding

- 討論 토론 discussion
- 論文 논문 a dissertation, thesis
- 言論 언론 speech

⊕ Let's find more words that have **理** or **論** in them.

More Hanja

考 생각하다 고 | 期 때 기 | 假 거짓 가 | 解 풀다 해 | 討 치다 토

● **Let's see how the word 意識(의식) is made up.**

Track 125

 + → 意識

뜻 의
intention, idea, purpose

알다 식
to know

의식
consciousness

- 意見 의견 opinion
- 意味 의미 meaning
- 意思疏通 의사소통 communication

- 常識 상식 common sense
- 無識 무식 ignorance
- 認識 인식 recognition

🔍 Let's find more words that have 意 or 識 in them.

● **力(력) is used to express different kinds of power or ability.**

Track 126

 + 力

努 노
能 능
思考 사고

+ 力

힘 력/역
power, energy

➡ 努力 노력 effort
➡ 能力 능력 ability, capability
➡ 思考力 사고력 thinking power

● **When 未(미) is used in a word, it means "not ~ yet."**

Track 127

未 +

未

婚 혼
完成 완성
知 지

➡ 未婚 미혼 single, unmarried
➡ 未完成 미완성 unfinished, incomplete
➡ 未知 미지 unknown

아니다 미
to be not

More Hanja

見 보다 견 | 味 맛 미 | 疏 통하다 소 | 常 항상 상 | 認 알다 인 | 努 힘쓰다 로/노 | 能 잘하다 능 |
完 끝내다 완

☆ **Let's learn words that have 知(지) in them.**

Track 128

알다 지
to know

識 알다 식 ➡ 知識 지식 knowledge
사물에 대한 의식과 판단

能 능력 능 ➡ 知能 지능 intelligence
지식을 쌓는 능력

親 친하다 친 ＋ 知 ➡ 親知 친지 a close acquaintance
친하게 잘 알고 지내는 사람

예문
• 인터넷을 통해 많은 **知識**을 얻을 수 있다.
• 어린아이가 어려운 수학 문제를 풀다니, **知能**이 보통이 아니네.
• 방학 때 한국에 계신 **親知**분들께 인사 드리러 가야겠다.

★ **Let's learn words that have 實(실) in them.**

Track 129

열매, 실제 실
fruit, reality

踐 실천하다 천 ➡ 實踐 실천 practice
실제로 행동하다

感 느끼다 감 ➡ 實感 실감 actual feeling
실제로 느끼다

誠 정성 성 ＋ 實 ➡ 誠實 성실 sincerity
정성스럽고 거짓이 없다

예문
• 항상 계획은 잘 세우는데 **實踐**을 못해.
• 아르바이트를 하면서 돈 벌기가 얼마나 어려운지 **實感**했다.
• 나는 학교 일이나 회사 일이나 끝까지 **誠實**하게 한다.

More Hanja

踐 밟다, 실천하다 천 ┃ 誠 정성 성

LET'S PRACTICE

1 Circle the words vertically or horizontally to make appropriate words.

論	討	未	意	味
理	思	知	識	無
感	考	想	空	學
實	力	豫	問	者

2 Fill in the blanks with the correct word from the box below.

① 實感　　② 無識　　③ 豫想　　④ 言論　　⑤ 假想　　⑥ 論文　　⑦ 未婚

(1) 교수님이 새로운 연구 결과를 (　　　　)으로 발표했다.

(2) 인터넷 속에서도 새롭게 인간관계가 생기고 새로운 역할들이 생기고 있습니다.

　　현실과 다른 (　　　　)의 세계라고 합니다.

(3) 아는 게 하나도 없어! 정말 (　　　　)해!

(4) 새로 산 텔레비전 진짜 크고 좋다. 영화 볼 때도 진짜로 눈앞에 있는 것 같아.

　　정말 (　　　　) 난다.

(5) 너 알고 있었어? 저 선생님 결혼도 했고, 아이가 셋이나 있대.

　　처음에는 너무 젊어 보여서 (　　　　)일 거라고 생각했는데…….

3 Let's read the following parapraph.

우리는 일상생활 속에서 끊임없이 (1)意思疏通을 하며 삽니다. (2)意思疏通은 서로가 (3)意見을 전달하고 또 (4)理解하는 과정입니다. 하지만 (5)意思疏通이 항상 (6)成功的인 것만은 아닙니다. 그럴 때 서로 (7)討論을 하면서 자기 (8)意見의 (9)理由를 전달하고 상대방 (10)意見이 (11)一理가 있다는 것을 (12)理解하게 되면 더 나은 (13)意味를 찾을 수 있습니다. 상대방이 어떤 (14)思想을 가졌나, (15)知識이 많은가, (16)能力이 뛰어난가 하는 것들은 (17)意思疏通을 잘하는 데 중요한 문제가 아닙니다. 건강한 (18)常識을 가지고 (19)思考하면서 (20)誠實한 자세로 참여하는 것, 그것이 가장 중요하다고 생각합니다.

● **Practice the Hanja you learned today.**

思	丶 冂 曰 田 田 甲 思 思 思							
생각하다 사	부수 心 총 9획	思	思					

想	一 十 才 木 机 机 相 相 相 相 想 想 想							
생각하다 상	부수 心 총 13획	想	想					

理	一 T F 王 珇 玴 玾 玾 理 理 理							
이치 리/이	부수 王 (玉) 총 11획	理	理					

論	丶 亠 亍 言 言 言 訃 診 論 論 論 論 論 論							
말하다 론/논	부수 言 총 15획	論	論					

意	丶 亠 亠 立 产 产 音 音 音 音 意 意 意							
뜻 의	부수 心 총 13획	意	意					

識	丶 亠 亍 言 言 言 言 訁 訁 訐 誝 諳 諳 諳 識 識 識							
알다 식	부수 言 총 19획	識	識					

力	丁 力							
힘 력/역	부수 力 총 2획	力	力					

未	一 二 十 才 未							
아니다 미	부수 木 총 5획	未	未					

知	丿 乀 生 矢 知 知 知							
알다 지	부수 矢 총 8획	知	知					

實	丶 宀 宀 宀 宀 宇 宵 宵 宵 宵 實 實							
열매 실	부수 宀 총 14획	實	實					

11 ▶ 言語

GETTING STARTED

Let's talk about the things we do using language, whether spoken or written.

☑ TODAY'S HANJA

言 말씀 언	語 말씀 어	用 사용하다 용
法 법 법	館 집, 관청 관	店 가게 점
話 말하다 화	談 말하다 담	記 기록하다 기
作 짓다 작		

LET'S LEARN

● Let's see how the word 言語(언어) is made up.

Track 130

言 + 語 → 言語

言	語	言語

말씀 언
words, language

말씀 어
words, language

언어
language

- 言論 언론 speech
- 言爭 언쟁 an argument
- 失言 실언 a slip of the tongue

- 韓國語 한국어 Korean language
- 外國語 외국어 foreign language
- 單語 단어 a word

 Let's find more words that have 言 or 語 in them.

● Let's see how the word 用法(용법) is made up.

Track 131

用 + 法 → 用法

사용하다 용
to use

법 법
a law, rule

용법
usage

- 利用 이용 utilization
- 活用 활용 practical use
- 費用 비용 expense(s), a cost

- 法律 법률 law
- 法官 법관 a judge
- 國際法 국제법 international law

 Let's find more words that have 用 or 法 in them.

More Hanja

爭 싸우다 쟁 | 單 혼자 단 | 律 법률/율 | 官 벼슬 관 | 際 사이 제

Let's learn some words about buildings or stores.

Track 132

☐ + 館

圖書 도서　　　　　　　+ 　　館　　　⇒ 圖書館 도서관 a library
大使 대사　　　　　　　　　　　　　　⇒ 大使館 대사관 an embassy
體育 체육　　　　　　　　　　　　　　⇒ 體育館 체육관 a gym
博物 박물　　　　　　　　　　　　　　⇒ 博物館 박물관 a museum

집, 관청 관
house, (a government) office

☐ + 店

書 서　　　　　　　　　+ 　　店　　　⇒ 書店 서점 a bookstore
百貨 백화　　　　　　　　　　　　　　⇒ 百貨店 백화점 a department store
露 노　　　　　　　　　　　　　　　　⇒ 露店 노점 a street stall
本 본　　　　　　　　　　　　　　　　⇒ 本店 본점 the head office

가게 점
a store

Let's learn some words that have something to do with language, both spoken and written.

Track 133

話 + 題 제목 제 ⇒ 話題 화제 a topic of conversation

말하다, 이야기 화
to talk, story

對 대답하다 대 + 話 ⇒ 對話 대화 conversation

예문 • 그 사람과 공통 話題가 별로 없어서 재미가 없었어.

More Hanja

圖 그림 도 | 體 몸 체 | 博 넓다 박 | 貨 돈, 물품 화 | 露 이슬 로/노 | 本 근본 본 | 對 대답하다 대

弄 놀리다 롱/농
相 서로 상
+
談
말씀, 말하다 담
words, to talk

➡ 弄談 농담 a joke

➡ 相談 상담 counsel, consultation

 • 대학 진학 문제 때문에 선생님과 **相談**을 했다.

記
기록하다, 쓰다 기
to record, to write
+
錄 기록하다 록

➡ 記錄 기록 a record, document

日 날, 해 일
+
記

➡ 日記 일기 a diary

 • 규장각에 가면 역사적인 **記錄**을 많이 찾아볼 수 있다.

作
(글을) 짓다 작
to write (a composition),
to compose
+
文 문장 문
家 전문가 가

➡ 作文 작문 composition

➡ 作家 작가 a writer

 • **作文** 숙제를 아직 하지 않아서 걱정이다.

More Hanja

弄 놀리다 롱/농 ┃ 相 서로 상 ┃ 錄 기록하다, 문서 록/녹

LET'S PRACTICE

1 **Fill in the blanks with the correct word from the box below.**

① 對話　②相談　③記錄　④作文　⑤弄談　⑥言爭

(1) 친구와 가벼운 (　　　　　)을 하다가 진짜 싸움이 되었어요.

(2) 요즘 건강이 안 좋아 보여요. 병원에 가서 좀 (　　　　　)을 해 보세요.

(3) 가족들의 (　　　　　)가 적어져서 사회 문제까지 되고 있다고 합니다.

(4) 매일 있었던 일을 일기장에 (　　　　　)을 해 두면 개인의 역사가 되겠지요?

(5) (　　　　　)을 너무 많이 하면 가벼운 사람으로 취급된다.

(6) 쓰기 시험에 10문장 이상을 써야 하는 (　　　　　) 문제가 있어서 시간이 모자랐다.

2 **Where are the situations below happening? Fill in the blanks with the correct word from the box below.**

① 大使館　② 圖書館　③ 體育館　④ 書店　⑤ 百貨店　⑥ 露店

(1) 인도로 여행을 가려고 비자를 받습니다.　(　　　　　)

(2) 친구와 농구 경기를 봅니다.　　　　　　(　　　　　)

(3) 신발과 옷을 사려고 쇼핑하고 있습니다.　(　　　　　)

(4) 길에서 떡볶이를 먹고 있습니다.　　　　(　　　　　)

(5) 책을 빌립니다.　　　　　　　　　　　(　　　　　)

(6) 소설책과 잡지를 사고 있습니다.　　　　(　　　　　)

3 **Let's read the following parapraph.**

저는 (1)學生이면서 선생님입니다. 오전에는 (2)韓國語를 배우고 오후에는 (3)中國語를 가르칩니다. (4)外國語를 배우는 것은 쉽지 않습니다. (5)單語도 많이 외워야 하고 매일 (6)作文 숙제도 해야 합니다. 하지만 (7)外國語를 가르치는 일은 더 어렵습니다. 저는 (8)中國語를 재미있게 가르치기 위해 매일 (9)圖書館이나 (10)書店에 가서 여러 가지 아이디어를 찾습니다.

Practice the Hanja you learned today.

言 말씀 언	`、 亠 ᅳ 言 言 言 言` 부수 言 총 7획	言	言				
語 말씀 어	`、 亠 ᅳ 言 言 言 言 訂 訢 語 語 語 語` 부수 言 총 14획	語	語				
用 사용하다 용	`丿 刀 月 月 用` 부수 用 총 5획	用	用				
法 법 법	`、 丶 氵 氵 汁 汢 法 法` 부수 氵(水) 총 8획	法	法				
館 집, 관청 관	`丿 亽 亽 亽 亽 亽 亽 亽 飠 館 館 館 館 館 館 館 館` 부수 食 총 17획	館	館				
店 가게 점	`、 亠 广 广 广 庄 店 店` 부수 广 총 8획	店	店				
話 말하다 화	`、 亠 ᅳ 言 言 言 言 訂 訢 話 話 話 話` 부수 言 총 13획	話	話				
談 말하다 담	`、 亠 ᅳ 言 言 言 言 訂 談 談 談 談 談 談 談` 부수 言 총 15획	談	談				
記 기록하다 기	`、 亠 ᅳ 言 言 言 言 記 記 記` 부수 言 총 10획	記	記				
作 짓다 작	`丿 亻 亻 亻 作 作 作` 부수 亻(人) 총 7획	作	作				

12 ▶ 科學

GETTING STARTED

Let's talk about world-famous scientists.

Thomas Alva Edison

Albert Einstein

☑ TODAY'S HANJA

發 피다 발	見 보다 견	技 재주 기
術 방법 술	非 아니다 비	不 아니다 불/부
進 나아가다 진	科 과목 과	利 이롭다 리/이

LET'S LEARN

⭐ **Let's see how the word 發見(발견) is made up.**

Track 134

發	+	見	→	發見

피다, 밝히다 발
to come out, to uncover

보다 견
to see

발견
discovery

- 出發 출발 departure
- 發明 발명 invention
- 發展 발전 development

- 意見 의견 an opinion
- 偏見 편견 a prejudice, bias
- 見學 견학 a field trip

 Let's find more words that have 發 or 見 in them.

⚫ **Let's see how the word 技術(기술) is made up.**

Track 135

技	+	術	→	技術

재주 기
ability, talent, skill

방법 술
a way, method, means

기술
technique

- 競技 경기 a game
- 特技 특기 special ability

- 美術 미술 art, the fine arts
- 藝術 예술 art

 Let's find more words that have 技 or 術 in them.

More Hanja

展 펴다 전 | 偏 치우치다 편 | 競 겨루다 경 | 特 특별하다 특

● **Let's learn some Hanja that have negative meanings.**

非 + ☐

非

아니다 비
to be not, no

科學的 과학적 ➡ 非科學的 비과학적 unscientific
人間的 인간적 ➡ 非人間的 비인간적 inhuman
效率的 효율적 ➡ 非效率的 비효율적 inefficient

不 + ☐

不

아니다 불/부
to be not, no

安 안 ➡ 不安 불안 uneasiness
滿 만 ➡ 不滿 불만 dissatisfaction
足 족 ➡ 不足 부족 insufficiency

Tip
When ㄷ or ㅈ comes after 不, 不 is read [부], not [불].

● **Let's learn words that have 進(진) in them.**

Track 137

進

나아가다 진
to advance, to proceed

步 걷다 보 ➡ 進步 진보 progress, improvement
사물의 내용이나 정도가 나아지는 일

行 다니다 행 ➡ 進行 진행 progress, advance
일이 앞으로 나아감

예문
• 과학과 문명의 발달로 인류는 끊임없이 **進步**한다.
• 그 일이 복잡해서 **進行**이 늦어지고 있다.

More Hanja

效 본받다 효 | 率 비율 률/율 | 安 편안하다 안 | 滿 가득하다 만 | 足 만족하다 족 | 步 걷다 보

⭐ Let's learn words that have 科(과) in them.

Track 138

科

과목 과
course

+

學 배우다 학 **➡** 科學 과학 science
어떤 대상을 객관적으로 연구하는 활동

目 제목 목 **➡** 科目 과목 subject
학문의 구분

內 안 내 **+** 科 **➡** 內科 내과 the internal department
내장의 병을 치료하는 병원

 예문
- 科學이 발전함에 따라 생활이 편리해졌다.
- 나는 수학 科目을 제일 좋아해서 수학科에 가려고 한다.
- 감기에 걸려서 科內에 갔다.

⭐ Let's learn words that have 利(리/이) in them.

Track 139

利

이롭다 리/이
to be beneficial,
to be advantageous

+

用 쓰다 용 **➡** 利用 이용 use, utilization
물건이나 시설을 이롭게 씀

益 더하다 익 **➡** 利益 이익 benefit, advantage
이롭고 도움이 되는 일

便 편하다 편 **+** 利 **➡** 便利 편리 convenience
일을 하는 데에 편하고 이용이 쉬움

 예문
- 나는 학교 갈 때 지하철을 利用한다.
- 내 손으로 직접 만드는 것이 사는 것보다 利益이다.
- 인터넷을 통해 기차표나 극장표를 예약하면 매우 便利하다.

More Hanja

益 더하다 익 | 便 편하다 편

1 **Fill in the blanks with the correct word from the box below.**

① 科學　② 出發　③ 發見　④ 利益　⑤ 內科　⑥ 利用　⑦ 發展　⑧ 便利

(1) 감기에 걸려서 (　　　　)에 갔다.

(2) 지하철은 빠르고 (　　　　)하다.

(3) 이 기차는 9시에 서울을 (　　　　)해서 부산에 2시에 도착합니다.

(4) 저희 백화점을 (　　　　)해 주시는 손님 여러분, 감사합니다.

(5) 불을 사용하면서부터 인류의 문명이 (　　　　)하기 시작했다.

2 **Which Hanja fits both blanks? Choose the correct Hanja form the box common to both characters.**

① 科　　② 利　　③ 術　　④ 技　　⑤ 發　　⑥ 非　　⑦ 不

Ex. (科)學, 內(科)

(1) (　　)用, 便(　　)　　　　　　(2) 出(　　), (　　)見

(3) (　　)安, (　　)信　　　　　　(4) 美(　　), 藝(　　)

3 **Let's read the following paragraph.**

(1)科學 技術이 (2)發展하면서 (3)人間의 (4)生活은 (5)想像할 수 없을 만큼 (6)便利해졌다. 특히 컴퓨터가 (7)發明된 후 (8)社會는 빠르게 (9)變化하고 있다. 이제 인터넷을 통해 (10)物件을 사거나 표를 예매하는 것은 더 이상 놀랄 일이 아니다. 하지만 (11)科學의 급속한 (12)發展은 부작용도 가져왔다. 환경이 파괴되어 (13)空氣도 오염되고 (14)人間이 점점 기계에 의존하게 된 것이다. 급속한 (15)科學 發展이 (16)人間에게 어떤 결과들을 남기고 있는지 한 번쯤 생각해 봐야 한다.

Practice the Hanja you learned today.

發 피다 발	フ ヌ ダ ダ ダ ペ ゲ ゲ 發 發 發 發 부수 癶 총 12획	發 發
見 보다 견	l ｢ ｢ ｢ ｢ ｢ ｢ 目 目 貝 見 부수 見 총 7획	見 見
技 재주 기	一 ｢ ｢ ｢ ｢ ｢ ｢ 技 부수 扌(手) 총 7획	技 技
術 방법 술	' ' ' ' ' ' ' ' 術 術 術 부수 行 총 11획	術 術
非 아니다 비	l ｢ ｢ ｢ ｢ ｢ 非 非 非 부수 非 총 8획	非 非
不 아니다 불/부	一 ｢ ｢ 不 부수 一 총 4획	不 不
進 나아가다 진	' ' ' ' ' ' ' ' ' ' ' 進 부수 辶(辵) 총 12획	進 進
科 과정 과	' ' ' ' ' ' ' 科 科 부수 禾 총 9획	科 科
利 이롭다 리/이	' ' ' ' ' 利 利 부수 刂(刀) 총 7획	利 利

부수 I

1. You can search a Hanja in a dictionary by its main radical.
2. You can infer the meaning of a Hanja by the main radical.
   The Hanja with the same main radical have related meanings.

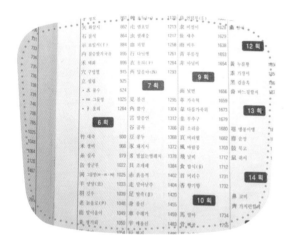

Learn the structure and meaning of Hanja by its main radical.

 집 면(갓머리) **This main radical has to do with "a house."**

家 집 가 a house   宀 ＋ 豕   家族 가족 a family

室 방 실 a room   宀 ＋ 至   教室 교실 a classroom

宅 집 택 a house   宀 ＋ 乇   住宅 주택 a house

木 나무 목 This main radical has to do with "a tree."

果 열매 과 fruit   田 + 木 結果 결과 a result

林 수풀 림/임 forest   木 + 木 林野 임야 forests and fields

本 근본 본 basis   木 + 一 根本 근본 a basis

氵(水) 삼수 변(물 수) This main radical has to do with "water."

江 강 강 river   氵 + 工 漢江 한강 Hangang River

洗 씻다 세 to wash   氵 + 先 洗手 세수 washing up

海 바다 해 sea, ocean   氵 + 每 東海 동해 the East Sea

亻(人) 사람 인 This main radical has to do with "a person, man."

休 쉬다 휴 to rest   亻 + 木 連休 연휴 consecutive holiday

信 믿다 신 to trust, believe   亻 + 言 自信感 자신감 confidence

位 자리 위 position   亻 + 立 位置 위치 location

雨 비 우 This main radical has to do with "rain."

雪 눈 설 snow   雨 + 彐   白雪 백설 white snow

雲 구름 운 cloud   雨 + 云   雲海 운해 a sea of clouds

電 번개 전 lightning   雨 + 电   電氣 전기 electricity

艹 (艸) 초두머리 초 This main radical has to do with "flower, grass, tea."

花 꽃 화 flower   艹 + 化   花園 화원 a flower garden

草 풀 초 grass   艹 + 早   花草 화초 flowering plants

茶 차 차/다 tea   艹 + 余   茶器 다기 tea-things

見 볼 견 This main radical has to do with "see, watch."

視 보다 시 to see   示 + 見   視聽 시청 seeing and hearing

觀 보다 관 to watch   雚 + 見   觀光 관광 sightseeing

親 친하다 친 to be close   亲 + 見   親舊 친구 a friend

1 **Match each Hanja with the correct main radical.**

(1) 家 ·

(2) 林 ·

(3) 海 ·

(4) 雪 ·

(5) 休 ·

· (가) 氵

· (나) 宀

· (다) 木

· (라) 亻

· (마) 雨

2 **Which one of the following Hanja is not related to "water"?**

① 江　　② 草　　③ 洗　　④ 海

3 **Which one of the following has a different main radical?**

① 視　　② 觀　　③ 室　　④ 親

4 **What is the main radical the following Hanja have in common?**

| 末 | 休 | 林 | 根 | 松 | 未 |

① 亻　　② 木　　③ 氵　　④ 宀

14 ▶ 부수 Ⅱ

MAIN RADICAL

Let's learn the structure and meaning of a Hanja by its main radical.

力 힘 력 This main radical has to do with "power, to work."

勞 일하다 로/노 to work   炏 + 力 勞力 노력 effort

動 움직이다 동 to move   重 + 力 動物 동물 an animal

加 더하다 가 to add   力 + 口 增加 증가 increase

子 아들 자 This main radical has to do with "man, son."

孫 손자 손 grandson   子 + 系 孫子 손자 a grandson

孝 효도 효 filial piety   耂 + 子 孝子 효자 a dutiful son

字 글자 자 letter, character   宀 + 子 漢字 한자 Hanja

女 여자 녀/여 This main radical has to do with "woman, daughter."

婚 결혼하다 혼 to get married 　女 ＋ 昏 　未婚 미혼 a single

好 좋다 호 to like 　女 ＋ 子 　好意 호의 goodwill, favor

妻 아내 처 wife 　圭 ＋ 女 　妻家 처가 one's wife's home

忄(心) 마음 심 This main radical has to do with "heart, mind."

情 뜻 정 mind, feeling 　忄 ＋ 靑 　人情 인정 humanity

感 느끼다 감 to feel 　咸 ＋ 心 　感動 감동 impression

想 생각 상 thought 　相 ＋ 心 　想像 상상 imagination

辶(辵) 쉬엄쉬엄 갈 착 This main radical means "to move."

進 나아가다 진 to go forth 　辶 ＋ 佳 　前進 전진 an advance

通 통하다 통 to go through 　辶 ＋ 甬 　交通 교통 traffic

道 길 도 a way, road 　辶 ＋ 首 　道路 도로 a road

言 말씀 언 This main radical has to do with "words, language."

語 말씀 어 words, language   言 + 吾   外國語 외국어 a foreign language

話 이야기 화 story   言 + 舌   對話 대화 conversation

記 기록하다 기 to write   言 + 己   日記 일기 a diary

灬 (火) 연화발 화 This main radical has to do with "fire, hot."

照 비추다 조 to light   昭 + 灬   照明 조명 lighting

熱 뜨겁다 열 to be hot   執 + 灬   熱 열 heat

無 없다 무 there is no, there is not   無 + 灬   無料 무료 no charge

口 입 구 This main radical has to do with "mouth."

問 묻다 문 to ask   門 + 口   質問 질문 a question

哭 울다 곡 to cry   口 + 犬   痛哭 통곡 loud weeping

呼 부르다 호 to call   口 + 乎   呼名 호명 calling

1 Match each Hanja with the correct main radical.

(1) 婚 ·   · (가) 力

(2) 孝 ·   · (나) 言

(3) 動 ·   · (다) 心

(4) 話 ·   · (라) 女

(5) 愛 ·   · (마) 子

2 Which one of the following Hanja is not related to "fire, hot"?

① 照   ② 熱   ③ 想   ④ 無

3 Which one of the following has a different main radical?

① 言   ② 問   ③ 器   ④ 呼

4 What is the main radical the following Hanja have in common?

| 通 | 道 | 進 | 送 | 速 | 遺 |

① 力   ② 子   ③ 言   ④ 辶

APPENDIX

ANSWER | INDEX

LET'S PRACTICE　Beginner : Answer

01　숫자

1 (1) 四十, 六十, 七十

(2) 七百, 九百, 千百

2 (1) 三十四　　　(2) 二十五

3 (1) 二萬五千　　(2) 千七百五十

4 EXAMPLE

방 번호: 三百十二,

버스 번호: 五百十二

02　날짜와 요일

1 (1) 4월 16일

(2) 4월 25일

(3) 화요일

2 (1) 分 ─── (가) 등록금
(2) 金 ─── (나) 시간
(3) 時 ─── (다) 분수

3 (1) ② 日, ② 日

(2) ④ 月, ② 日, ⑦ 木, ② 日

(3) ③ 水, ① 金

03　크기와 위치

1 (1) ③ 高　(2) ① 長　(3) ⑦ 少

(4) ⑥ 入　(5) ② 大

2

	한자	뜻	음
(1)	短	짧다	단
(2)	多	많다	다
(3)	外	바깥	외
(4)	少	적다	소

3 (1) 長 ─── (가) 外
(2) 少 ─── (나) 入
(3) 內 ─── (다) 多
(4) 低 ─── (라) 短
(5) 大 ─── (마) 小
(6) 出 ─── (바) 高

04　방향

1 (1) ① 東　② 西　④ 北　③ 南

2 (1) ① 前　　　　(2) ⑤ 左右

(3) ⑤ 左右　　(4) ② 後

(5) ④ 右　　　(6) ③ 左

05　자연과 인간

1 (1) 石 ─── (가) 청계천
(2) 川 ─── (나) 해물
(3) 地 ─── (다) 보석
(4) 海 ─── (라) 지하철
(5) 人 ─── (마) 외국인

2

	한자	뜻	음
(1)	間	사이	간
(2)	天	하늘	천
(3)	星	별	성
(4)	林	숲	림/임

3 (1) ② 間　(2) ④ 江　(3) ⑤ 山

06 신체

1 (1) ① 耳   (2) ② 目
(3) ④ 鼻   (4) ③ 口

2 (1) ③ 手, ⑤ 足   (2) ② 心, ④ 身

3

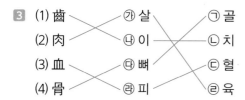

(1) 齒 — ㈐ 이 — ㉡ 치
(2) 肉 — ㈎ 살 — ㉣ 육
(3) 血 — ㈑ 피 — ㉢ 혈
(4) 骨 — ㈏ 뼈 — ㉠ 골

07 색깔과 사물

1 (1) ② 黃   (2) ① 赤   (3) ⑤ 靑
(4) ④ 黑   (5) ⑥ 白   (6) ③ 線

2

(1) 衣 — ㈐ 옷 — ㉢ 의
(2) 刀 — ㈒ 칼 — ㉠ 도
(3) 車 — ㈑ 차 — ㉢ 차
(4) 物 — ㈎ 물건 — ㉠ 물
(5) 色 — ㈏ 색 — ㉣ 색

08 계절과 낚시

1 (1) ② 雪   (2) ④ 雨
(3) ③ 雲   (4) ① 風

2 (1) ④ 冬   (2) ① 春
(3) ② 夏   (4) ③ 秋

3 EXAMPLE
(1) 저는 **春夏秋冬** 4계절 중에서 봄을 가장 좋아합니다.
(2) 溫水를 마십니다.

09 동물과 식물

1 (1) ⑤ 馬   (2) ⑧ 鳥   (3) ⑨ 竹
(4) ① 果   (5) ② 花   (6) ⑥ 魚
(7) ③ 木   (8) ⑦ 貝   (9) ④ 牛

2 (1) 草 — ㈏ 초
(2) 貝 — ㈐ 패
(3) 動 — ㈎ 동
(4) 花 — ㈑ 화
(5) 鳥 — ㈒ 조

10 가족

1 (1) ③ 祖父   (2) ④ 祖母
(3) ① 父   (4) ② 母
(5) ⑤ 兄   (6) ⑥ 弟

2

② 父			③ 孫	④ 子
① 母	女			女
		⑤ 好	感	
⑥ 祖	母		奇	
父			心	

11 학교

1 (1) 法
(2) 問
(3) 答
(4) 文

㉮ 대답
㉯ 묻다
㉰ 글월
㉱ 법

㉠ 문
㉡ 답
㉢ 법
㉣ 문

2 (1) ① 先, ③ 生
(2) ② 敎, ⑤ 室
(3) ④ 學, ③ 生

3 EXAMPLE

(1) 學校(학교)에서 한국어 공부를 합니다.

(2) 우리 先生(선생)님의 성함은 김영희입니다.

(3) 敎室(교실)에 가면 친구를 만날 수 있습니다.

12 시간

1 (1) ② 夕 (2) ① 朝
(3) ④ 夜 (4) ③ 晝

2 EXAMPLE

(1) 과거(過去)에 늦게 일어나는 나쁜 습관이 있었습니다.

(2) 미래(未來)를 위해서 공부를 열심히 합니다.

(3) 현재(現在) 외국 여행을 하고 싶습니다.

(4) 미래(未來) 사회에는 인간의 생활이 더 편리해질 것 같습니다.

(5) 현재(現在) 가장 가고 싶은 곳은 바다입니다.

(6) 과거(過去)의 역사에서 옛날 사람들의 지혜를 배웁니다.

01 人生

1 (1) ① 生   (2) ④ 死

(3) ③ 病   (4) ② 老

2 **EXAMPLE**

(1) 제 生日(생일)은 3월 12일입니다.

(2) 한국은 入學式(입학식)을 3월에 합니다.

(3) 고등학교 卒業式(졸업식)이 가장 기억에 남습니다.

(4) 結婚式(결혼식)은 교회에서 하고 싶습니다.

(5) 할머니 葬禮式(장례식) 때 많이 울었습니다.

3 (1) 일생   (2) 생로병사   (3) 출생

(4) 노인   (5) 병   (6) 사망

(7) 인생   (8) 인생   (9) 정

(10) 친절   (11) 애인   (12) 애정

(13) 친구   (14) 우정   (15) 친절

(16) 인생

02 敎育

1 (1) ④ 習   (2) ① 書

(3) ② 復   (4) ③ 題

2 (1)    (2)

(3)

	④豫	習
	약	

03 性格

1 **EXAMPLE**

① 제 성격은 운동을 좋아하고 활동적(活動的)입니다.

② 저는 내성적(內省的)이라서 다른 사람 앞에서 말을 하는 것이 어려워요.

2 (1) ① 內省的   (2) ⑥ 自信感

(3) ⑩ 性急   (4) ④ 親切

(5) ⑨ 快活

3 (1) 소심   (2) 내성적

(3) 자신   (4) 외향적

(5) 자기중심적   (6) 자신감

(7) 성격   (8) 쾌활

(9) 성급

04 經濟

1 (1) ① 食費   (2) ④ 觀覽料

(3) ③ 授業料   (4) ⑤ 給料

(5) ② 交通費

2 (1) ② 加   (2) ① 價

(3) ① 價   (4) ② 加

(5) ① 價

---

2 (1) 학교   (2) 교실

(3) 연습   (4) 서예 연습

(5) 도서관   (6) 도서관

(7) 교과서   (8) 복습

(9) 예습   (10) 방학

(11) 방학   (12) 독서

(13) 독서

3   (1) 경제 문제   (2) 물가

      (3) 생활비   (4) 요금

      (5) 교통비

05 職業

1   (1) ② 販賣員   (2) ⑤ 料理師

      (3) ⑥ 技術者   (4) ① 會社員

2   (1) ③ 就職   (2) ② 會社

      (3) ⑥ 成功   (4) ① 社長

      (5) ④ 職員

3   (1) 회사   (2) 내년

      (3) 사장   (4) 노동자

      (5) 성과   (6) 회사

      (7) 성장   (8) 노사

      (9) 성장   (10) 직장

06 交通

1   (1) ④ 路   (2) ② 線

      (3) ① 所   (4) ③ 場

2   (1) 도로   (2) 교통

      (3) 인구   (4) 교통

      (5) 차선   (6) 과속

      (7) 승차

07 大衆文化

1   (1) 最   (가) 送

      (2) 視   (나) 式

      (3) 新   (다) 力

      (4) 放   (라) 善

      (5) 聽   (마) 衆

2   (1) ③ 上映   (2) ④ 變化

      (3) ⑤ 歌手   (4) ⑥ 公衆

      (5) ② 最善

3   (1) 가수   (2) 영화

      (3) 학생   (4) 가수

      (5) 대중   (6) 시청자

      (7) 방송   (8) 대중문화

      (9) 영화   (10) 가요

      (11) 사회적 문제

08 傳統 文化

1   **EXAMPLE**

      國內, 無料, 古代, 人物, 遺物…….

2

09 旅行

1
(1) ③ 旅券
(2) ① 行事
(3) ⑥ 名品
(4) ⑤ 外界人

2 EXAMPLE

요즘은 **全 世界**로 여행을 많이 갑니다. 하지만 **全國**의 **名所** 중에도 가 보지 못한 곳이 많습니다. 이번 **連休**에는 **有名**하다는 공원에 가려고 합니다. 공기 좋은 곳에서 **休息**도 갖고 맛있는 **飮食**도 먹으려고 합니다. **旅費**도 많이 안 들 것 같습니다.

3
(1) 연휴	(2) 전국
(3) 명소	(4) 여행
(5) 여관	(6) 연휴
(7) 명소	(8) 휴식
(9) 여행	(10) 식당
(11) 음식	(12) 여행
(13) 각자	(14) 전 세계
(15) 여행	(16) 세대
(17) 여비	

10 學問

1

論	討	未	意	味
理	思	知	識	無
感	考	想	空	學
實	力	豫	問	者

2
(1) ⑥ 論文 (2) ⑤ 假像
(3) ② 無識 (4) ① 實感
(5) ⑦ 未婚

3
(1) 의사소통	(2) 의사소통
(3) 의견	(4) 이해
(5) 의사소통	(6) 성공적
(7) 토론	(8) 의견
(9) 이유	(10) 의견
(11) 일리	(12) 이해
(13) 의미	(14) 사상
(15) 지식	(16) 능력
(17) 의사소통	(18) 상식
(19) 사고	(20) 성실

11 言語

1
(1) ⑥ 言爭 (2) ② 相談
(3) ① 對話 (4) ③ 記錄
(5) ⑤ 弄談 (6) ④ 作文

2
(1) ① 大使館 (2) ③ 體育館
(3) ⑤ 百貨店 (4) ⑥ 露店
(5) ② 圖書館 (6) ④ 書店

3
(1) 학생	(2) 한국어
(3) 중국어	(4) 외국어
(5) 단어	(6) 작문
(7) 외국어	(8) 중국어
(9) 도서관	(10) 서점

12 科學

1 (1) ⑤ 內科　(2) ⑧ 便利
(3) ② 出發　(4) ⑥ 利用
(5) ⑦ 發展

2 (1) ② 利　(2) ⑤ 發
(3) ⑦ 不　(4) ③ 術

3 (1) 과학 기술　(2) 발전
(3) 인간　(4) 생활
(5) 상상　(6) 편리
(7) 발명　(8) 사회
(9) 변화　(10) 물건
(11) 과학　(12) 발전
(13) 공기　(14) 인간
(15) 과학 발전　(16) 인간

13 부수 I

1 (1) 家　　(가) 氵
(2) 林　　(나) 宀
(3) 海　　(다) 木
(4) 雪　　(라) 亻
(5) 休　　(마) 雨

2 ② 草

3 ③ 室

4 ② 木

14 부수 II

1 (1) 婚　　(가) 力
(2) 孝　　(나) 言
(3) 動　　(다) 心
(4) 話　　(라) 女
(5) 愛　　(마) 子

2 ③ 想

3 ① 言

4 ④ 辶

INDEX

INDEX

INDEX

Useful HANJA
for Learners of Korean

Language
Education Institute
Seoul National
University

Choi Eun Kyu, Kim Min Ae,
Kim Sang Hee, Min Jung Won,
Oh Mi Nam

HANDWRITING
WORKBOOK

 DARAKWON

Useful
HANJA
for Learners of Korean

HANDWRITING
WORKBOOK

01. 숫자

一
하나 일

一

二
둘 이

二

三
셋 삼

三

四
넷 사

四

五
다섯 오

五

六
여섯 육

六

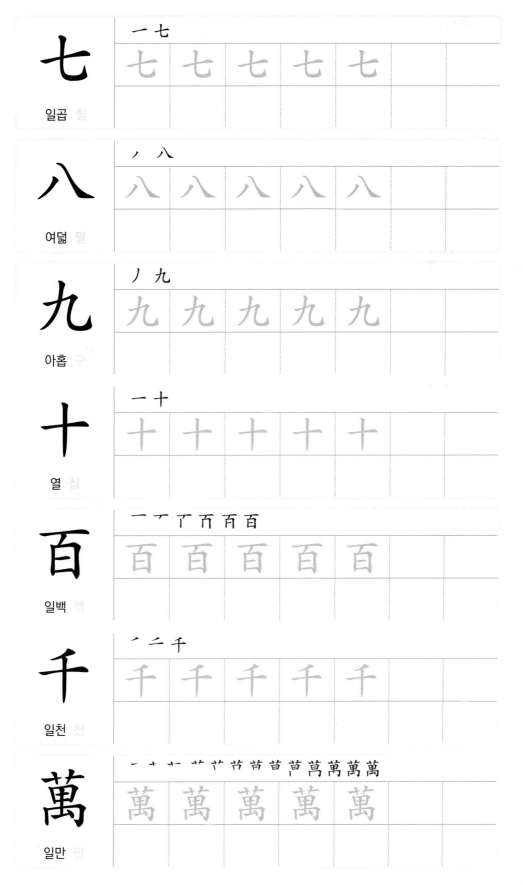

七	一 七					
일곱 칠						

八	ノ 八					
여덟 팔						

九	ノ 九					
아홉 구						

十	一 十					
열 십						

百	一 一 一 万 百 百					
일백 백						

千	ノ 二 千					
일천 천						

萬	一 十 卄 芦 芦 芦 苩 苩 苩 萬 萬 萬 萬					
일만 만						

02. 날짜와 요일

| 日 | ｌ 冂 月 日 |
| 날 일 | 日 日 日 日 日 |

| 月 | ｊ 几 月 月 |
| 달 월 | 月 月 月 月 月 |

| 火 | 丶 丶 丷 少 火 |
| 불 화 | 火 火 火 火 火 |

| 水 | ｊ ｊ 水 水 |
| 물 수 | 水 水 水 水 水 |

| 木 | 一 十 才 木 |
| 나무 목 | 木 木 木 木 木 |

金	ノ 人 个 今 合 仐 余 金 金						
	金	金	金	金	金		
쇠 금							

土	一 十 土						
	土	土	土	土	土		
흙 토							

年	ノ 스 스 느 뜨 年						
	年	年	年	年	年		
해 년/연							

時	丨 冂 日 日 日 旷 旷 時 時 時						
	時	時	時	時	時		
때 시							

分	ノ 八 分 分						
	分	分	分	分	分		
나누다 분							

大

크다 대

一 ナ 大

大	大	大	大	大	

小

작다 소

亅 丿 小

小	小	小	小	小	

多

많다 다

丿 ク 夕 夕 多 多

多	多	多	多	多	

少

적다 소

亅 丿 小 少

少	少	少	少	少	

長

길다 장

一 r F F 上 長 長 長

長	長	長	長	長	

短

짧다 단

丿 ㇒ ㇐ 午 矢 矢 矢 知 知 知 短 短

短	短	短	短	短	

高	` 一 广 产 古 育 高 高 高 高
	高 高 高 高 高
높다 고	

低	ノ イ 亻 仁 伍 低 低
	低 低 低 低 低
낮다 저	

內	丨 冂 内 内
	内 内 内 内 内
안 내	

外	ノ ク タ 外 外
	外 外 外 外 外
바깥 외	

出	丨 屮 屮 出 出
	出 出 出 出 出
나가다 출	

入	ノ 入
	入 入 入 入 入
들어가다 입	

04. 방향

上	丨 ⺊ 上
위 상	上 上 上 上 上

中	丶 口 口 中
가운데 중	中 中 中 中 中

下	一 丅 下
아래 하	下 下 下 下 下

前	丶 丷 䒑 䒤 前 前 前 前 前
앞 전	前 前 前 前 前

後	丿 彳 彳 彸 彸 彸 後 後 後
뒤 후	後 後 後 後 後

左	一 ナ 左 左 左						
왼 좌	左	左	左	左	左		

右	ノ ナ 右 右 右						
오른 우	右	右	右	右	右		

東	一 ｢ 戸 百 百 車 東 東						
동쪽 동	東	東	東	東	東		

西	一 ｢ 丙 丙 西 西						
서쪽 서	西	西	西	西	西		

南	一 十 广 内 内 南 南 南 南						
남쪽 남	南	南	南	南	南		

北	丨 十 丬 北 北						
북쪽 북	北	北	北	北	北		

天
하늘 천

一 二 チ 天

| 天 | 天 | 天 | 天 | 天 | | |
| | | | | | | |

地
땅 지

一 十 土 圤 坩 地

| 地 | 地 | 地 | 地 | 地 | | |
| | | | | | | |

江
강 강

丶 丶 氵 汀 江 江

| 江 | 江 | 江 | 江 | 江 | | |
| | | | | | | |

山
산 산

丨 山 山

| 山 | 山 | 山 | 山 | 山 | | |
| | | | | | | |

海
바다 해

丶 丶 氵 汇 汇 海 海 海 海

| 海 | 海 | 海 | 海 | 海 | | |
| | | | | | | |

林	一 十 オ オ 木 村 材 林					
	林	林	林	林	林	
숲 림/임						

川	ノ 刀 川					
	川	川	川	川	川	
내 천						

石	一 ナ オ 石 石					
	石	石	石	石	石	
돌 석						

星	` 冂 ロ 日 旦 旦 呈 星 星					
	星	星	星	星	星	
별 성						

人	ノ 人					
	人	人	人	人	人	
사람 인						

間	l l' l'' l''' l'''' l''''' 門 門 門 閂 間 間					
	間	間	間	間	間	
사이 간						

耳	一 丆 丆 丆 耳 耳				
귀 이	耳	耳	耳	耳	耳

目	丨 冂 冂 月 目				
눈 목	目	目	目	目	目

口	丨 冂 口				
입 구	口	口	口	口	口

鼻	丿 丿 冂 甶 自 自 自 鳥 鳥 鳥 畠 畠 鼻 鼻				
코 비	鼻	鼻	鼻	鼻	鼻

手	一 二 三 手				
손 수	手	手	手	手	手

足	ィ 口 ワ 우 足 足 足					
발 족	足	足	足	足	足	

齒	ィ ト 止 步 步 步 齿 齿 齿 齿 齿 齿 齒 齒					
이 치	齒	齒	齒	齒	齒	

血	ィ ノ ヶ 血 血 血					
피 혈	血	血	血	血	血	

骨	ィ 口 口 口 呂 呂 骨 骨 骨 骨					
뼈 골	骨	骨	骨	骨	骨	

肉	ィ 冂 内 内 肉 肉					
고기 육	肉	肉	肉	肉	肉	

心	ィ 心 心 心					
마음 심	心	心	心	心	心	

身	ィ ィ ۴ ή 自 身 身					
몸 신	身	身	身	身	身	

색깔과 사물

色
색

ノ ク ク 名 多 色
色 色 色 色 色

赤
붉다

一 十 土 产 方 亦 赤
赤 赤 赤 赤 赤

黃
누렇다

一 十 卄 艹 芏 芏 芏 苗 苗 莆 黄 黄
黃 黃 黃 黃 黃

靑
푸르다

一 二 三 主 青 青 青 青
靑 靑 靑 靑 靑

綠
초록

ㄥ ㄠ ㄠ 乡 糸 糸 糹 紅 綟 綟 綟 綟 綠
綠 綠 綠 綠 綠

黑	ノ ロ ロ ロ 四 里 里 里 里 黑 黑 黑
	黑　黑　黑　黑　黑
검다 흑	

白	ノ ノ 白 白 白
	白　白　白　白　白
희다 백	

物	ノ ノ 牛 牛 牛 物 物 物
	物　物　物　物　物
물건 물	

衣	丶 一 ナ 衣 衣 衣
	衣　衣　衣　衣　衣
옷 의	

車	一 亇 冂 百 百 亘 車
	車　車　車　車　車
차 차	

刀	ㄱ 刀
	刀　刀　刀　刀　刀
칼 도	

春

一 二 三 丰 夫 表 春 春 春

春 春 春 春 春

봄 춘

夏

一 一 厂 丙 丙 百 頁 頁 夏 夏

夏 夏 夏 夏 夏

여름 하

秋

一 二 千 禾 禾 禾 和 秋 秋

秋 秋 秋 秋 秋

가을 추

冬

丿 夕 夂 冬 冬

冬 冬 冬 冬 冬

겨울 동

風

丿 几 凡 凡 凨 風 風 風 風

風 風 風 風 風

바람 풍

| 雨 | 一 厂 厅 币 雨 雨 雨 雨 |
| 비 우 | 雨　雨　雨　雨　雨 |

| 雲 | 一 厂 厅 币 币 雨 雨 雩 雩 雲 雲 雲 |
| 구름 운 | 雲　雲　雲　雲　雲 |

| 雪 | 一 厂 厅 币 币 雨 雨 雨 雪 雪 雪 |
| 눈 설 | 雪　雪　雪　雪　雪 |

| 冷 | 丶 冫 冫 冫 冷 冷 冷 冷 |
| 차다 랭/냉 | 冷　冷　冷　冷　冷 |

| 溫 | 丶 冫 氵 氵 汩 汩 汩 汩 溫 溫 溫 溫 溫 |
| 따뜻하다 온 | 溫　溫　溫　溫　溫 |

動

움직이다 동

丿 二 キ 台 台 自 自 重 重 動 動

動 動 動 動 動

牛

소 우

丿 ㅗ ㅡ 牛

牛 牛 牛 牛 牛

馬

말 마

丨 厂 厂 FF 馬 馬 馬 馬 馬

馬 馬 馬 馬 馬

鳥

새 조

丿 亻 竹 竹 自 鳥 鳥 鳥 鳥 鳥

鳥 鳥 鳥 鳥 鳥

魚

물고기 어

丿 勹 勹 各 各 角 角 魚 魚 魚 魚

魚 魚 魚 魚 魚

貝	｜ 冂 冂 月 目 貝 貝
	貝　貝　貝　貝　貝
조개 패	

花	一 十 卄 艹 艿 花 花 花
	花　花　花　花　花
꽃 화	

草	一 十 卄 艹 艹 芦 苷 苩 草 草
	草　草　草　草　草
풀 초	

果	｜ 冂 曰 日 旦 早 果 果
	果　果　果　果　果
열매 과	

竹	ノ ㇒ ㇒ ㇒ 竹 竹
	竹　竹　竹　竹　竹
대나무 죽	

10. 가족

家
`丶丶宀宀宀宁宇宇宇家家`

家 家 家 家 家

집 가

族
`丶一方方方方方方方族`

族 族 族 族 族

겨레 족

父
`丶丷父父`

父 父 父 父 父

아버지 부

母
`乚母母母母`

母 母 母 母 母

어머니 모

子
`乛了子`

子 子 子 子 子

아들 자

女
`乚女女`

女 女 女 女 女

여자 녀/여

祖	一 二 亍 亍 禾 利 剂 剂 剂 祖					
	祖	祖	祖	祖	祖	
할아버지 조						

孫	フ 了 子 孑 孖 孫 孫 孫 孫 孫					
	孫	孫	孫	孫	孫	
손자 손						

兄	丶 冂 口 尸 兄					
	兄	兄	兄	兄	兄	
형 형						

弟	丶 丷 当 当 当 弟 弟					
	弟	弟	弟	弟	弟	
아우 제						

好	乀 夊 女 女' 奵 好					
	好	好	好	好	好	
좋다 호						

男	丶 冂 日 田 田 甼 男					
	男	男	男	男	男	
사내 남						

11. 학교

學	` ´ ſ ſ ſ ſ ſ ſ ſ ſ ſ ſ ſ ſ ſ 眇 眇 臼 翩 翩 卿 郠 與 學 學 學					
	學	學	學	學	學	
배우다 학						

校	一 十 才 木 木 术 杧 栌 栌 校 校					
	校	校	校	校	校	
학교 교						

教	ノ メ ナ 孝 孝 孝 孝 孝 刻 敎 敎 敎					
	敎	敎	敎	敎	敎	
가르치다 교						

室	` ` 宀 宀 宮 宮 宮 宮 室 室					
	室	室	室	室	室	
방 실						

先	ノ ┌ 生 生 先 先					
	先	先	先	先	先	
먼저 선						

生	ノ ← ⊢ 牛 生						
나다 생	生	生	生	生	生		

問	｜ ｢ ｢ ｢ ｢ 門 門 門 問 問 問						
묻다 문	問	問	問	問	問		

答	ノ ← ⊢ ⊬ 竹 竹 竺 答 答 答 答						
대답 답	答	答	答	答	答		

文	﹨ ﹁ ナ 文						
글월 문	文	文	文	文	文		

法	﹨ ﹨ ﹑ 氵 汁 汁 泔 法 法						
법 법	法	法	法	法	法		

事	一 ｢ ｢ ｢ 写 写 写 事						
일 사	事	事	事	事	事		

12. 시간

過

丨 冂 冃 冎 冎 咼 咼 咼 咼 渦 過 過 過

過 過 過 過 過

지나다 과

去

一 十 土 去 去

去 去 去 去 去

가다 거

現

一 二 干 王 玑 玑 玥 玥 珇 現 現

現 現 現 現 現

지금 현

在

一 ナ 才 在 在 在

在 在 在 在 在

있다 재

未

一 二 十 未 未

未 未 未 未 未

아니다 미

來	一 厂 厂 厂 來 來 來
	來　來　來　來　來
오다 래/내	

朝	一 十 十 古 古 古 卓 卓 朝 朝 朝 朝
	朝　朝　朝　朝　朝
아침 조	

夕	ノ ク 夕
	夕　夕　夕　夕　夕
저녁 석	

晝	⁊ ⁊ ⁊ ⁊ 尹 畫 畫 晝 晝 晝 晝
	晝　晝　晝　晝　晝
낮 주	

夜	丶 一 广 广 广 夜 夜 夜
	夜　夜　夜　夜　夜
밤 야	

01. 人生

生

`丿 ㇠ 生 生 生`

| 生 | 生 | 生 | 生 | 生 | | |
| | | | | | | |

나다 생

老

`一 十 土 耂 耂 老`

| 老 | 老 | 老 | 老 | 老 | | |
| | | | | | | |

늙다 로/노

病

`丶 一 广 广 疒 疒 疒 病 病 病`

| 病 | 病 | 病 | 病 | 病 | | |
| | | | | | | |

병들다 병

死

`一 ㇒ ㇅ 歹 歹 死`

| 死 | 死 | 死 | 死 | 死 | | |
| | | | | | | |

죽다 사

結

`幺 幺 幺 糸 糸 糸 紅 紵 結 結 結 結`

| 結 | 結 | 結 | 結 | 結 | | |
| | | | | | | |

맺다 결

婚

くと女女女妁妁妊婚婚婚婚

婚　婚　婚　婚　婚

결혼하다 혼

愛

´ ´ ´ ´ ´ ´ ´ ´ 爫 爫 爫 彔 彔 愛 愛 愛

愛　愛　愛　愛　愛

사랑 애

情

´ ` ´ ´ ´ ↑ ↑ ↑ ↑ ↑ ↑ 忄 忄 忄 忄 忄 情 情 情 情

情　情　情　情　情

뜻 정

式

一 二 テ 王 式 式

式　式　式　式　式

법식

親

´ ` ` ` 亠 亠 立 立 辛 亲 亲 亲 亲 親 親 親 親 親

親　親　親　親　親

친하다 친

02. 教育

	丶 一 亠 云 产 产 育 育 育						
育	育	育	育	育	育		
기르다 육							

	フ コ ヨ ヨゴ ヨヨ 羽 羽 習 習 習						
習	習	習	習	習	習		
익히다 습							

	丶 丷 宀 宀 宀 宀 宇 宿 宿 宿						
宿	宿	宿	宿	宿	宿		
자다 숙							

	丨 冂 日 日 旦 무 무 是 是 是 題 題 題 題 題 題						
題	題	題	題	題	題		
제목 제							

	フ マ ㄱ 子 予 予 豫 豫 豫 豫 豫 豫 豫 豫 豫						
豫	豫	豫	豫	豫	豫		
미리 예							

復	ノ ク イ オ 위 위 위 위 위 復 復					
	復	復	復	復	復	
다시 복						

開	l f f f f f 門 門 門 門 門 開 開					
	開	開	開	開	開	
열다 개						

放	` 二 亍 方 方 扩 扩 放					
	放	放	放	放	放	
놓다 방						

讀	` 二 亠 亖 言 言 言 言 計 詰 詰 詰 詰 讀 讀 讀 讀 讀 讀 讀 讀 讀					
	讀	讀	讀	讀	讀	
읽다 독						

書	フ ユ ヨ ヨ 圭 聿 書 書 書 書					
	書	書	書	書	書	
쓰다 서						

03. 性格

性	＇ ＇ ＇ 忄 忄 忄 忄 性 性 性
성품 성	性　性　性　性　性

格	一 十 オ 木 木 杪 柊 柊 格 格
격식 격	格　格　格　格　格

自	＇ ＇ 户 户 自 自
스스로 자	自　自　自　自　自

信	＇ ＇ ＇ 信 信 信 信 信 信
믿다 신	信　信　信　信　信

的	＇ ＇ 户 白 白 白 的 的
과녁 적	的　的　的　的　的

點	、 ロ ロ ロ 甲 甲 里 黑 黑 黑 黑 點 點 點 點						
	點	點	點	點	點		
점 점							

感	ノ 厂 厂 厂 咸 咸 咸 咸 咸 感 感 感						
	感	感	感	感	感		
느끼다 감							

快	、 丶 忄 忄 忄 快 快						
	快	快	快	快	快		
즐겁다 쾌							

活	、 丶 氵 氵 汗 汗 汗 活 活						
	活	活	活	活	活		
살다 활							

經	` ⅃ ⅃ ⅄ ⅄ ⅄ ⅄ ⅃ ⅄ ⅄ ⅄ ⅄ ⅄ ⅄ 經
다스리다 경	經 經 經 經 經

濟	` ` ⅃ ⅃ ⅃ ⅃ ⅃ ⅃ ⅃ 済 済 済 済 済 済 濟 濟
구하다 제	濟 濟 濟 濟 濟

價	ノ イ イ イ 仟 仟 価 価 価 価 価 価 價 價 價
값 가	價 價 價 價 價

財	l 冂 冂 冃 目 貝 貝 貝 貝 貝 財 財
재물 재	財 財 財 財 財

産	` ⅃ ⅎ 文 文 产 产 产 彦 産 産
낳다 산	産 産 産 産 産

費	`一　二　弓　弓　弗　弗　弗　弗　弗　弗　費　費`						
	費	費	費	費	費		
쓰다 비							

料	`、　、　ゞ　二　半　米　米　米　米　料　料`						
	料	料	料	料	料		
세다 료/요							

加	`フ　カ　カ　加　加`						
	加	加	加	加	加		
더하다 가							

減	`、　、　ゞ　ゞ　ゞ　汀　汀　沥　沥　沥　減　減　減`						
	減	減	減	減	減		
줄다 감							

05. 職業

職	ー T F F F 耳 耳 耶 耶 耶 耶 聄 聄 聄 職 職 職
맡다 직	職 職 職 職 職

業	＇ ＇ ＇ 业 业 业 业 业 业 丵 丵 業 業
일 업	業 業 業 業 業

會	ノ 人 人 人 今 合 命 命 命 侖 侖 會 會 會
모이다 회	會 會 會 會 會

社	ー ニ ｉ ｉ ｉ ｉ 礻 社 社
모이다 사	社 社 社 社 社

者	ー 十 土 耂 耂 耂 者 者 者
사람 자	者 者 者 者 者

員	、 丶 丶 丶 丶 丶 丶 丶 員 員						
사람 원	員	員	員	員	員		

師	′ ′ ′ ′ ′ ′ ′ ′ ′ ′ 師						
스승 사	師	師	師	師	師		

勞	丶 丶 丶 丶 丶 丶 丶 丶 丶 丶 丶 勞 勞						
일하다 로/노	勞	勞	勞	勞	勞		

成	ノ 厂 厂 厅 成 成 成						
이루다 성	成	成	成	成	成		

06. 交通

交	` 一 亠 六 亣 交						
사귀다 교	交	交	交	交	交		

通	` ァ ァ ｱ 予 丮 甬 甬 涌 涌 通						
통하다 통	通	通	通	通	通		

道	` ` ` ` ` ` ` ` ` 首 首 首 道 道 道						
길 도	道	道	道	道	道		

路	` ` ` ` ` ` ` ` ` ` ` 跻 路 路						
길 로/노	路	路	路	路	路		

場	一 十 土 圹 圹 圹 圹 圻 場 場 場						
장소 장	場	場	場	場	場		

所	´ ´ ´ ´ ´ ´ ´ ´ ´ 所 所				
	所	所	所	所	所
자리 소					

線	´ ´ ´ ´ ´ ´ ´ ´ 約 約 約 約 線 線 線				
	線	線	線	線	線
줄 선					

乘	´ ´ 千 千 千 乖 乖 乖 乘 乘				
	乘	乘	乘	乘	乘
타다 승					

速	´ ´ ´ 束 束 束 束 速 速 速				
	速	速	速	速	速
빠르다 속					

衆
`丿 亻 宀 血 血 血 垒 垒 衆 衆 衆`
衆 衆 衆 衆 衆

무리 중

化
`丿 亻 仁 化`
化 化 化 化 化

되다 화

送
`丿 八 ム ⺍ 关 关 送 送 送 送`
送 送 送 送 送

보내다 송

映
`丨 冂 冂 日 日 旷 旷 映 映`
映 映 映 映 映

비치다 영

畵
`フ ㄱ ㅋ ⺕ 聿 聿 聿 書 書 書 畵 畵 畵`
畵 畵 畵 畵 畵

그림 화

最	丶 冂 冂 日 旦 昌 昌 昌 昂 最 最
	最　最　最　最　最
가장 최	

新	丶 亠 亠 立 辛 辛 亲 亲 新 新 新
	新　新　新　新　新
새롭다 신	

視	一 亍 干 示 示 礻 祁 利 神 神 視 視
	視　視　視　視　視
보다 시	

聽	一 丁 丌 耳 耳 耳 耳 耶 耴 耴 聇 聇 聇 聴 聴 聴 聽 聽
	聽　聽　聽　聽　聽
듣다 청	

歌	一 丅 丏 可 可 哥 哥 哥 哥 歌 歌 歌
	歌　歌　歌　歌　歌
노래 가	

08. 傳統文化

傳	ノ イ イ イ 仁 伊 佢 佢 俥 俥 俥 傳 傳
전하다 전	傳 傳 傳 傳 傳

統	′ ⺊ ⺈ 幺 糸 糸 糸 糸 紅 紌 統 統
거느리다 통	統 統 統 統 統

國	丨 冂 冂 冂 同 同 同 國 國 國 國
나라 국	國 國 國 國 國

樂	′ ⺉ 白 白 白 伯 伯 绅 绅 樂 樂 樂 樂 樂 樂
즐기다 락/악	樂 樂 樂 樂 樂

民	⁷ ⁷ ⁷ ⁷ 尸 民
백성 민	民 民 民 民 民

代	ノ イ 仁 代 代
	代 代 代 代 代
시대 대	

有	ノ ナ オ 冇 有 有
	有 有 有 有 有
있다 유	

無	ノ ト 上 仁 佇 每 無 無 無 無 無
	無 無 無 無 無
없다 무	

遺	丶 口 口 中 虫 虫 贵 冑 冑 冑 貴 貴 貴 遺 遺 遺
	遺 遺 遺 遺 遺
남기다 유	

古	一 十 十 古 古
	古 古 古 古 古
옛 고	

09. 旅行

旅	` ` ㇗ 方 方 方 方 旅 旅 旅					
	旅	旅	旅	旅	旅	
나그네 려/여						

行	` ㇒ 彳 彳 彳 行 行					
	行	行	行	行	行	
다니다 행						

世	一 十 廿 廿 世					
	世	世	世	世	世	
세상 세						

界	` 口 日 田 田 罒 界 界 界					
	界	界	界	界	界	
경계 계						

全	ノ 入 人 今 全 全					
	全	全	全	全	全	
모두 전						

各	ノ　ク　タ　冬　各　各						
	各	各	各	各	各		
각각 각							

名	ノ　ク　タ　タ　名　名						
	名	名	名	名	名		
이름 명							

休	ノ　イ　仁　什　休　休						
	休	休	休	休	休		
쉬다 휴							

食	ノ　人　へ　今　今　今　食　食　食						
	食	食	食	食	食		
밥 식							

10. 學問

思	⟍ ⼞ ⼞ 田 田 甲 思 思 思						
생각하다 사	思	思	思	思	思		

想	一 十 才 木 木 机 机 相 相 相 想 想 想						
생각하다 상	想	想	想	想	想		

理	一 丁 干 王 玎 玑 玴 玾 理 理 理						
이치 리/이	理	理	理	理	理		

論	⟍ ⼀ ⼆ ⾔ ⾔ ⾔ ⾔ 訡 訡 論 論 論 論 論 論						
말하다 론/논	論	論	論	論	論		

意	⟍ ⼀ ⼇ ⽴ 产 音 音 音 音 意 意 意						
뜻 의	意	意	意	意	意		

識	` 亠 二 言 言 言 言 言 言 言 言 語 語 語 識 識 識				
	識	識	識	識	識
알다 식					

力	フ カ				
	力	力	力	力	力
힘 력/역					

未	一 二 キ 未 未				
	未	未	未	未	未
아니다 미					

知	ノ ケ レ チ 矢 知 知 知				
	知	知	知	知	知
알다 지					

實	` 宀 宀 宀 宇 宙 审 审 實 實 實 實 實 實				
	實	實	實	實	實
열매 실					

11. 言語

言	`丶亠言言言言言`
말씀 언	言 言 言 言 言

語	`丶亠言言言言言訂訝語語語語`
말씀 어	語 語 語 語 語

用	`丿刀月月用`
사용하다 용	用 用 用 用 用

法	`丶丶氵氵汁泮法法`
법 법	法 法 法 法 法

館	`丿丿乍乍乍乍食食食食`飠`飠飠飠館館`
집, 관청 관	館 館 館 館 館

店	`ヽ 一 广 广 广 庐 店 店					
	店	店	店	店	店	
가게 점						

話	`ヽ 二 三 言 言 言 言 訂 訂 託 話 話					
	話	話	話	話	話	
말하다 화						

談	`ヽ 二 三 言 言 言 言 訧 談 談 談 談 談					
	談	談	談	談	談	
말하다 담						

記	`ヽ 二 三 言 言 言 訂 記 記					
	記	記	記	記	記	
기록하다 기						

作	`ノ イ 化 作 作 作 作					
	作	作	作	作	作	
짓다 작						

12. 科學

發 피다 발	ㄱ � �ゲ �ゲ 癶 癶 癶 發 發 發 發 發 發 發 發 發 發
見 보다 견	丨 冂 冂 目 目 貝 見 見 見 見 見 見
技 재주 기	一 十 扌 扌 扩 技 技 技 技 技 技 技
術 방법 술	ノ ク イ 彳 彳 彳 徉 術 術 術 術 術 術 術 術 術
非 아니다 비	丿 刁 非 非 非 非 非 非 非 非 非 非 非

不	一プ不不					
	不	不	不	不	不	
아니다 불/부						

進	ノイ仁仁乍乍住住隹進進進					
	進	進	進	進	進	
나아가다 진						

科	一二千千禾禾禾科科					
	科	科	科	科	科	
과정 과						

利	一二千千禾利利					
	利	利	利	利	利	
이롭다 리/이						

| 家 | 家 | 家 | 家 | 家 | 家 | | |
| 집 가 | | | | | | | |

| 室 | 室 | 室 | 室 | 室 | 室 | | |
| 방 실 | | | | | | | |

| 宅 | 宅 | 宅 | 宅 | 宅 | 宅 | | |
| 집 택 | | | | | | | |

| 果 | 果 | 果 | 果 | 果 | 果 | | |
| 열매 과 | | | | | | | |

| 林 | 林 | 林 | 林 | 林 | 林 | | |
| 수풀 림/임 | | | | | | | |

| 本 | 本 | 本 | 本 | 本 | 本 | | |
| 근본 본 | | | | | | | |

| 江 | 江 | 江 | 江 | 江 | 江 | | |
| 강 강 | | | | | | | |

| 洗 | 洗 | 洗 | 洗 | 洗 | 洗 | | |
| 씻다 세 | | | | | | | |

| 海 | 海 | 海 | 海 | 海 | 海 | | |
| 바다 해 | | | | | | | |

| 休 | 休 | 休 | 休 | 休 | 休 | | |
| 쉬다 휴 | | | | | | | |

| 信 | 信 | 信 | 信 | 信 | 信 | | |
| 믿다 신 | | | | | | | |

| 位 | 位 | 位 | 位 | 位 | 位 | | |
| 자리 위 | | | | | | | |

| 雪 | 雪 | 雪 | 雪 | 雪 | 雪 | | |
| 눈 설 | | | | | | | |

| 雲 | 雲 | 雲 | 雲 | 雲 | 雲 | | |
| 구름 운 | | | | | | | |

| 電 | 電 | 電 | 電 | 電 | 電 | | |
| 번개 전 | | | | | | | |

| 花 | 花 | 花 | 花 | 花 | 花 | | |
| 꽃 화 | | | | | | | |

| 草 | 草 | 草 | 草 | 草 | 草 | | |
| 풀 초 | | | | | | | |

| 茶 | 茶 | 茶 | 茶 | 茶 | 茶 | | |
| 차 차/다 | | | | | | | |

| 視 | 視 | 視 | 視 | 視 | 視 | | |
| 보다 시 | | | | | | | |

| 觀 | 觀 | 觀 | 觀 | 觀 | 觀 | | |
| 보다 관 | | | | | | | |

| 親 | 親 | 親 | 親 | 親 | 親 | | |
| 친하다 친 | | | | | | | |

勞	勞	勞	勞	勞	勞		
일하다 로/노							

動	動	動	動	動	動		
움직이다 동							

加	加	加	加	加	加		
더하다 가							

孫	孫	孫	孫	孫	孫		
손자 손							

孝	孝	孝	孝	孝	孝		
효도 효							

字	字	字	字	字	字		
글자 자							

婚	婚	婚	婚	婚	婚		
결혼하다 혼							

好	好	好	好	好	好		
좋다 호							

妻	妻	妻	妻	妻	妻		
아내 처							

情	情	情	情	情	情		
뜻 정							

感	感	感	感	感	感		
느끼다 감							

想	想	想	想	想	想		
생각 상							

進	進	進	進	進	進		
나아가다 진							

通	通	通	通	通	通		
통하다 통							

道	道	道	道	道	道		
길 도							

語	語	語	語	語	語		
말씀 어							

話	話	話	話	話	話		
이야기 화							

記	記	記	記	記	記		
기록하다 기							

照	照	照	照	照	照		
비추다 조							

熱	熱	熱	熱	熱	熱		
뜨겁다 열							

無	無	無	無	無	無		
없다 무							

問	問	問	問	問	問		
묻다 문							

哭	哭	哭	哭	哭	哭		
울다 곡							

呼	呼	呼	呼	呼	呼		
부르다 호							